アラビア語のアルファベット

語尾形	語中形	語頭形	独立形	文字の名前
ل	ل	ا	ا	①アリフ
ب	ﺒ	ﺑ	ب	②バー
ﺖ	ﺘ	ﺗ	ت	③ター
ﺚ	ﺜ	ﺛ	ث	④サー
ﺞ	ﺠ	ﺟ	ج	⑤ジーム
ﺢ	ﺤ	ﺣ	ح	⑥ハー
ﺦ	ﺨ	ﺧ	خ	⑦ハー
ﺪ	ﺪ	د	د	⑧ダール
ﺬ	ﺬ	ذ	ذ	⑨ザール
ﺮ	ﺮ	ر	ر	⑩ラー
ﺰ	ﺰ	ز	ز	⑪ザーイ
ﺲ	ﺴ	ﺳ	س	⑫スィーン
ﺶ	ﺸ	ﺷ	ش	⑬シーン
ﺺ	ﺼ	ﺻ	ص	⑭サード
ﺾ	ﻀ	ﺿ	ض	⑮ダード

語尾形	語中形	語頭形	独立形	文字の名前
ط	ط	ط	ط	⑯ター
ظ	ظ	ظ	ظ	⑰ザー
ع	ع	عـ	ع	⑱アイン
غ	غ	غـ	غ	⑲ガイン
ف	ف	فـ	ف	⑳ファー
ق	ق	قـ	ق	㉑カーフ
ك	ك	كـ	ك	㉒カーフ
ل	ل	لـ	ل	㉓ラーム
م	م	مـ	م	㉔ミーム
ن	ن	نـ	ن	㉕ヌーン
ه	ه	هـ	ه	㉖ハー
و	و	و	و	㉗ワーウ
ي	ي	يـ	ي	㉘ヤー
ة			ة	ター・マルブータ
			ء	ハムザ
ى			ى	アリフ・マクスーラ

今日からはじめる

みんなの
アラビア語

大隼エヴァ・ハッサン 著

白水社

🎧 付属音声は無料でダウンロードできます。

- 以下のURLまたは右のQRコードよりアクセスして
ください。
  https://www.hakusuisha.co.jp/news/minnano/

> ユーザー名：arabic
> パスワード：8970

装丁＋本文デザイン

多田昭彦

組　版

多田昭彦

校　正

谷澤真理

ナレーション

エヴァ・ハッサン

サメー・リファット

まえがき

　この本を手に取ったあなたは、アラビア語に関心があるか、または、今まさに学ぼうとするところでしょう。アラビア語は、世界の話者人口ランキングでも上位を占める、国際社会において重要な言語です。そうは言っても、日本ではなじみの薄いマイナーな言語で、「文字も文法も難しそう」と思っている人も多いでしょう。

　私は大学で日本語を学びましたが、文字が3種類もあり、発音も文法も母語のアラビア語とはかけ離れていて、挫折しそうになりました。でも、考えてみたら、違うのは当たり前です。その違いを「壁」ではなく、逆に「バネ」にして、楽しむ要素ととらえてみたら、状況が一変しました。

　ことばを学ぶというのは、単に文法や表現を学習することではなく、背景にある文化や、そのことばを話す人々の考え方を学ぶことです。日本語のメガネを外し、そのことばのメガネをかけて世界を見なくてはなりません。日本語の考え方にとらわれず、アラビア語の特徴をよく観察して、違いを楽しんでみてはいかがでしょうか。世界が違って見えるはずです。

　アラビア語は、初学者にとって、たしかに「とっつきにくい」言語です。みなさんが挫折しないよう、この本では細かい規則を最小限にし、コミュニケーションに必要な知識を身につけることを優先しました。

　たとえば、アラビア語では名詞・形容詞の語尾の母音が、日本語の「は」「が」「に」「を」のような助詞に似た機能を果たします。でも会話では省くこともできるので、文法の解説に必要な場合を除いて省きました。また、アラビア語では主語の人称や単数・複数によって動詞を活用しますが、本文では使用頻度の高い「私」「あなた」の表現を中心にし、複数の活用は巻末に掲載しました。簡単な会話と自己紹介を目標に、必要なことから覚えていきましょう。

　それでは、いざ「ひらけゴマ」の世界へ！

2023 年春

大隼エヴァ・ハッサン

目　次

学習をはじめる前に

Q：アラビア語はどこで話されていますか？

A：アラビア語は、20以上の国と地域で公用語とされています。たとえば北アフリカのエジプト、モロッコ、アラビア半島のサウジアラビア、アラブ首長国連邦、その北のシリア、イラクなどです。アラビア語を日常的に話す人々は約3億人ともいわれます。

Q：「アラブ」とは何を指すのでしょうか？

A：アラブ人とはアラビア語を話す人々であり、彼らが暮らすのがアラブ世界であるといえます。アラブ世界＝中東というイメージをもつ人もいるかもしれませんが、中東地域であっても、トルコ語を公用語とするトルコや、ペルシア語を公用語とするイランなどはアラブ諸国に含まれません。

Q：イスラム教徒はみなアラビア語を話すのでしょうか？

A：現在イスラム教徒（ムスリム）は世界に16億人ともいわれ、アラビア語を母語としない人たちも多くいます。彼らは日常的にアラビア語を話すわけではないため、程度の差はありますが、聖典コーランを詠み、理解するためにアラビア語を身につけます。コーランはアラビア語で書かれており、外国語に翻訳せず、アラビア語のまま読まねばならないとされているからです。それゆえ、アラビア語はイスラム教徒の共通語にもなっています。

Q：アラビア語には地域ごとの方言はありますか？

A：使用される地域が広いので、地域ごとに異なる方言（話しことば）があり、「アーンミーヤ」と呼ばれます。代表的なのは、エジプト方言、マグリブ方言（北アフリカ）、レバント方言（シリア、パレスチナほか）、湾岸方言（サウジアラビアほか）などです。これに対し、標準的な共通語は「フスハー」と呼ばれ、公的な文書はもちろん、演説や講義、報道や出版物などに広く使用されます。この本で勉強するのはフスハーの発音と文法です。

この本の使い方

Unit 0

文字の種類と書き方、発音を学びます。

慣れるまで時間がかかるかもしれませんが、ゆっくり練習しましょう。

Unit 1～12

初歩的な文法を、ポイントをしぼって学びます。

アラビア語の文法は覚えることも多く、易しいとはいえません。この本では、初めてでも挫折しないよう、入門段階で必要な事項を厳選して取り上げています。自分のことや身の回りのことを表現するのを目標に、少しずつ学んでいきましょう。

(書いてみよう) (言ってみよう)

その Unit で学んだことを確認するための練習です。

(聞いてみよう)

その Unit で学んだ文法事項を含む、短い会話です。

音声を聞き、自分でも読んでみましょう。

付属音声は無料でダウンロードできます。

🎧 DL 00 の箇所には音声が用意されています。

数字は音声ファイルの番号です。以下のURL、またはQRコードよりアクセスしてください。

https://www.hakusuisha.co.jp/news/minnano/

| ユーザー名：arabic |
| パスワード：8970 |

カタカナ表記と音声について

● この本では、アラビア語に読みガナを付けていますが、カタカナはあくまで発音の目安です。日本語の五十音では表しきれない音もあるため、実際の音声をよく聴いて学習してください。

● アラビア語は右から左に書くため、読みガナも同じ向きに書かれています。

例　اَلسَّلَام عَلَيْكُمْ.

ムクイラア　　　ムーラサッア←

「←」の方向に沿って「アッサラーム　アライクム」と読みます。

● アラビア語では語尾に付く母音が文法的な役割を表しますが、会話では発音されないことが多いため、この本でも基本的に語尾の母音記号を省略しています。女性形を表す語尾のター・マルブータ（ة）の発音も省略し、読みガナを付けていません。文法の解説上、必要な箇所では語尾に母音記号を付けました。

● アラビア語には母音が「ア」「イ」「ウ」の3つしかないとされていますが、実際には「エ」や「オ」に聞こえる音もあります。これはつまり「イ」と「エ」、「ウ」と「オ」の区別がなく、どちらでも通じるということです。たとえばبِنْت（少女）は「ビントゥ」でも「ベントゥ」でも問題ありません。ネイティヴによって発音が異なりますが、前者が典型的とされています。読みガナを参考に、音声をよく聴いて学習してください。

● この本では、日本語の固有名詞をアラビア語で表記する場合、母音記号を付けていません。母音記号は学習者がアラビア語を読むための補助であり、日本語の名前や地名を表記する際には必要ないためです。

Unit 0

名前を書こう

下の写真は、ドバイのとあるファストフード店の看板です。日本でもおなじみのお店ですが、何と書いてあるでしょうか。そして、この店名にいくつの文字が使われているか、考えてみてください。

☞ 答えは次のページ

正解は、ご存知「マクドナルド」です。

アラビア文字は右から左に書きます。よく見ると、文字がつながっているところとつながっていないところがありますね。

← ماكدونالدز

1字ずつバラバラにして見てみると……

ز د ل ا ن و د ك ا م
z d l (ā) n w d k (ā) m

10文字ありました。下に付けたのはラテン文字の転写です。これらの文字と上の綴りを見比べると、少し形が異なるものもあります。このようにアラビア文字は、つながったり、つながるときに変形したりするのです。次のページからくわしく見ていきましょう。

1 アルファベット

🎧 DL 02

- アラビア語のアルファベットは28あり、形の似た文字をまとめて並べた順になっています。①〜㉘はそれぞれの文字の名前です。
- アルファベットの大原則は**右から左に書くこと**、そして**単語として綴るときは変形する**ことです。アルファベットを単独で書くときの形（独立形）のほかに、3つの変形パターンがあります。

> 語頭形：おもに**単語の頭**に来るカタチ
> 語中形：単語の頭と終わり以外の**内側**に来るカタチ
> 語尾形：おもに**単語の最後**に来るカタチ

転写	発音	語尾形	語中形	語頭形	独立形	文字の名前
	[a,a:,i,u]	ﻞ	ﻠ	ا	ا ★	①アリフ
b	[b]	ﺐ	ﺒ	ﺑ	ﺏ	②バー
t	[t]	ﺖ	ﺘ	ﺗ	ﺕ	③ター
th	[θ]	ﺚ	ﺜ	ﺛ	ﺙ	④サー

転写	発音	語尾形	語中形	語頭形	独立形	文字の名前
j	[dʒ]	جـ	ـجـ	جـ	ج	⑤ジーム
ḥ	[ħ]	حـ	ـحـ	حـ	ح	⑥ハー
kh	[x]	خـ	ـخـ	خـ	خ	⑦ハー
d	[d]	ـد	ـد	د	★ د	⑧ダール
dh	[ð]	ـذ	ـذ	ذ	★ ذ	⑨ザール
r	[r]	ـر	ـر	ر	★ ر	⑩ラー
z	[z]	ـز	ـز	ز	★ ز	⑪ザーイ
s	[s]	ـس	ـسـ	سـ	س	⑫スィーン
sh	[ʃ]	ـش	ـشـ	شـ	ش	⑬シーン
ṣ	[sˤ]	ـص	ـصـ	صـ	ص	⑭サード
ḍ	[dˤ]	ـض	ـضـ	ضـ	ض	⑮ダード

転写	発音	語尾形	語中形	語頭形	独立形	文字の名前
ṭ	[tˤ]	ـط	ـطـ	طـ	ط	⑯ ター
ẓ	[ðˤ]	ـظ	ـظـ	ظـ	ظ	⑰ ザー
'	[ʕ]	ـع	ـعـ	عـ	ع	⑱ アイン
gh	[ɣ]	ـغ	ـغـ	غـ	غ	⑲ ガイン
f	[f]	ـف	ـفـ	فـ	ف	⑳ ファー
q	[q]	ـق	ـقـ	قـ	ق	㉑ カーフ
k	[k]	ـك	ـكـ	كـ	ك	㉒ カーフ
l	[l]	ـل	ـلـ	لـ	ل	㉓ ラーム
m	[m]	ـم	ـمـ	مـ	م	㉔ ミーム
n	[n]	ـن	ـنـ	نـ	ن	㉕ ヌーン
h	[h]	ـه	ـهـ	هـ	ه	㉖ ハー

転写	発音	語尾形	語中形	語頭形	独立形	文字の名前
w	[w,u:]	ـو	ـو	و	★ و	㉗ワーウ
y	[y,i:]	ـي	ـيـ	يـ	ي	㉘ヤー

その他の文字

転写	発音	語尾形	語中形	語頭形	独立形	文字の名前
t	[t]	ـة	–	–	ة	ター・マルブータ
'	[ʔ]	–	–	–	ء	ハムザ
	[a:]	ـى	–	–	ى	アリフ・マクスーラ

*★の6文字は後ろ（左側）に来る文字とつながりません。

*ラーム（ل）の後にアリフ（ا）が続く場合は、ﻟﺎではなくﻻやﻼと書くのが一般的です。

*ター・マルブータ（ة）、アリフ・マクスーラ（ى）は語尾にのみ現れます。発音についてはp.25〜26を参照してください。

*ハムザ（ء）は語頭で使われることはなく、語中でも語尾でも形は変わりません。アリフ、ワーウ、ヤーを土台として ئ / ؤ / إ / أ のように書かれることもあり、この場合ヤーの2つの点はなくなります。発音についてはp.27を参照してください。

文字の発音

①アリフ	‍ا	単語によって発音が異なる。「ア」「イ」「ウ」の短母音や「アー」の長母音。
②バー	ب	英語のbの音。
③ター	ت	英語のtの音。
④サー	ث	英語のthinkのthの音。
⑤ジーム	ج	英語のjの音。
⑥ハー	ح	手がかじかんだとき、ハアと吹きかける息の音。
⑦ハー	خ	かすれた感じのハ行の音。
⑧ダール	د	英語のdの音。
⑨ザール	ذ	英語のthisのthの音。
⑩ラー	ر	巻き舌のrの音。
⑪ザーイ	ز	英語のzの音。
⑫スィーン	س	英語のsの音。
⑬シーン	ش	英語のshの音。
⑭サード	ص	英語のsが重くこもった音。
⑮ダード	ض	英語のdが重くこもった音。
⑯ター	ط	英語のtが重くこもった音。
⑰ザー	ظ	英語のthisのthが重くこもった音。
⑱アイン	ع	のどの奥から発音するア行の音。
⑲ガイン	غ	うがいをするときの、のどの奥から発音するガ行の音。
⑳ファー	ف	英語のfの音。
㉑カーフ	ق	のどの奥から発音するkの音。
㉒カーフ	ك	英語のkの音。
㉓ラーム	ل	英語のlの音。舌を前歯の後ろに付けて発音する。
㉔ミーム	م	英語のmの音。
㉕ヌーン	ن	英語のnの音。
㉖ハー	ه	英語のhの音。
㉗ワーウ	و	英語のwの音や「ウー」の長母音。
㉘ヤー	ي	英語のyの音や「イー」の長母音。

書いてみよう

語尾形	語中形	語頭形	独立形	文字の名前
ﻞ	ﻟ	ﺍ	‍ا↓	①アリフ
ﺐ	ﺒ	ﺑ	ﺏ	②バー
ﺖ	ﺘ	ﺗ	ﺕ	③ター
ﺚ	ﺜ	ﺛ	ﺙ	④サー
ﺞ	ﺠ	ﺟ	ﺝ	⑤ジーム

18

語尾形	語中形	語頭形	独立形	文字の名前
ح	ــح	حـ	حـ	⑥ハー
خ	ــخ	خـ	خـ	⑦ハー
ــد	ــد	د	د	⑧ダール
ــذ	ــذ	ذ	ذ	⑨ザール
ــر	ــر	ر	ر	⑩ラー
ــز	ــز	ز	ز	⑪ザーイ

⑫スィーン

⑬シーン

⑭サード

⑮ダード

⑯ター

⑰ザー

語尾形	語中形	語頭形	独立形	文字の名前
ع	ـعـ	عـ	ع	⑱アイン
غ	ـغـ	غـ	غ	⑲ガイン
ف	ـفـ	فـ	ف	⑳ファー
ق	ـقـ	قـ	ق	㉑カーフ
ك	ـكـ	كـ	ك	㉒カーフ
ل	ـلـ	لـ	ل	㉓ラーム

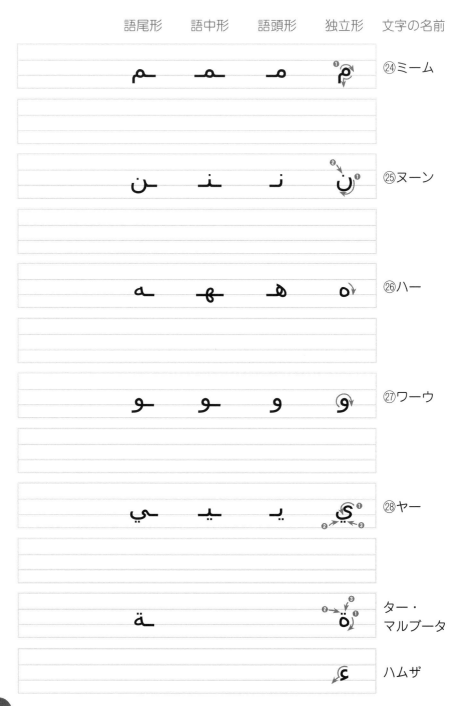

㉔ミーム

㉕ヌーン

㉖ハー

㉗ワーウ

㉘ヤー

ター・
マルブータ

ハムザ

語尾形	語中形	語頭形	独立形	文字の名前
	ـى		ىٰ	アリフ・マクスーラ

 書いてみよう

1

右の独立形をつないだときにできる単語を左から選び、線で結びましょう。

خبز a •	•	① ج ز ر
تفاح b •	•	② ج ب ن
جزر c •	•	③ ت ف ا ح
تمر d •	•	④ خ ب ز
جبن e •	•	⑤ ر م ا ن
رمان f •	•	⑥ ت م ر

2

次の文字をつないで、単語を綴ってみましょう。

① ق ل م ＿＿＿＿＿＿＿＿

② ب ح ر ＿＿＿＿＿＿＿＿

③ ن ه ر ＿＿＿＿＿＿＿＿

④ ص د ي ق ＿＿＿＿＿＿＿＿

⑤ س ي ا ر ة ＿＿＿＿＿＿＿＿

解答：

1　①c　②e　③b　④a　⑤f　⑥d

2　①قلم　②بحر　③نهر　④صديق　⑤سيارة

- アラビア語には母音が「ア」「イ」「ウ」の3つしかありません。また、ネイティブは基本的に発音記号を使いませんが、学習するときは次のような記号を使って母音を表します。上の3つは短母音を表す記号です。よく使われるほかの記号も一緒に覚えましょう。

	記号の名前		使用例
◌َ	ファトハ	文字の上にスラッシュのような斜線を付け、**「ア」の母音**を表す	كَتَبَ ←カタバ （彼は書いた）
◌ِ	カスラ	文字の下にスラッシュのような斜線を付け、**「イ」の母音**を表す	سَمِعَ ←サミア （彼は聞いた）
◌ُ	ダンマ	文字の上にくるっと輪のような記号を付け、**「ウ」の母音**を表す	عُمَر ←オマル （男性名）
◌ْ	スクーン	文字の上に小さな丸を付け、母音がないことを表す	مَسْكَن ←マスカン （住まい）
◌ّ	シャッダ	文字の上に小さな**w**のような記号を付け、子音が2つ重なることを表す（促音「ッ」で発音されることが多い）	مُوَظَّف ←ムワッザフ （職員）

*シャッダと母音を表す記号が同時に付く場合、◌ّ ◌ّ ◌ّ のようになります。

読んでみよう

🎧 DL 05

仕事	عَمَل ②	会社	شَرِكَة ①
猫	قِطّ ④	犬	كَلْب ③
駅・バス停	مَحَطَّة ⑥	コーヒー	قَهْوَة ⑤
部屋	غُرْفَة ⑧	家	بَيْت ⑦

*ター・マルブータ（ة）は語尾のみに現れ、基本的に会話では発音されません。後ろに続く名詞との関係で発音される場合は、ター（ت）と同じ音になります。ター・マルブータの直前の文字は、母音が必ず「ア」になります。

長母音「アー」「イー」「ウー」は以下のように表します。　🎧 DL 06

	発音		使用例
ـَا	アー	母音が「ア」の文字の後ろにアリフを付け、「アー」を表す	اَلْيَابَان ←アルヤーバーヌ （日本）
ـِي	イー	母音が「イ」の文字の後ろにヤーを付け、「イー」を表す	قَرِيب ←カリーブ （近い）
ـُو	ウー	母音が「ウ」の文字の後ろにワーウを付け、「ウー」を表す	نُور ←ヌール （光）

*語尾で長母音「アー」を表す場合、アリフの代わりにアリフ・マクスーラ（ى）が付くことがあります。

読んでみよう 🎧 DL 07

ノート	② كُرَّاسَة	本	① كِتَاب
時計	④ سَاعَة	かばん	③ حَقِيبَة
大学	⑥ جَامِعَة	学生	⑤ طَالِب
辞書	⑧ قَامُوس	食事	⑦ وَجْبَة

● 長母音の表し方はp.26で見たとおりですが、ほかにも特殊な記号があります。

短剣アリフ

● アリフを小さく書いた記号（ أ ）で、「アー」の長母音を表す。「ミニアリフ」とも呼ばれる。この記号を用いるのは特定の単語のみ。

しかし لَكِنْ ←ンキーラ	あれ ذٰلِكَ ←カリーザ	これ هٰذَا ←ーザーハ
唯一神 اَللّٰه ←ラッア	これら هٰؤُلَاءِ ←イーラウーハ	それゆえ لِذٰلِكَ ←カリーザリ

*ハムザ（ ء ）は声門をいったん閉じてから開けて出す音を表します。
アリフ、ワーウ、ヤーを土台にする場合も発音は変わりません。

マッダ記号

● アリフのみに付き、アリフの上に書かれるニョロッとした線（ آ ）。ハムザの付いた「ア」の音を「アー」（ آ=اأ ）と伸ばした音を表す。

すまない（男性形） آسِف ←フィズーア	私は食べる آكُلُ ←ルクーア	今 اَلْآن ←ナーアルア

- 日本人の名前や日本の地名をアラビア語で表記するとき、注意しなくてはならないのは、「ア」「イ」「ウ」3つの母音しかないことです。「エ」と「オ」がないので、「エ」は「イ」と同じく、「オ」は「ウ」と同じく表記するしかありません。したがって、ユウコさんとヨウコさん、ショウタさんとシュウタさんの名前は、アラビア語では同じ表記になります。

- もう1つのポイントは、短母音であっても長母音であっても、基本的にすべて長母音で表記することです。uo/ouやeiのような場合は、前の母音だけで表記します。

田中	تاناكا	鈴木	سوزوكي
大阪（Ōsaka）	أوساكا	福岡（Fukuoka）	فوكوكا
佐藤（Satou）	ساتو	ヨウコ（Youko）	يوكو
ケイタ（Keita）	كيتا		

- 語頭の「ア」「イ」「ウ」「エ」「オ」はハムザ付きのアリフで表します。語中では、ハムザのないアリフ（ا）、ヤー（ي）、ワーウ（و）を使うほうが自然な発音になります。

上田	أويدا	齋藤	سايتو
井上	إينويه	前田	مايدا

- 語尾がエ段の場合、ـيでなくـيهで終わらせるほうが、日本語の発音に近いです。

神戸	كوبيه	島根	شيمانيه

その他の注意

- 「ガ」行に該当する音はアラビア語にないので、غの文字で代用する。

- アラビア語ではbとpの区別がないので、「バ」行と「パ」行どちらの場合もبの文字を使う。

- 「チ」は2つの子音تとشを、「ツ」はتとسを組み合わせて表記する。

千葉　تشيبا　　　つくば　تسوكوبا

- 「ン」はنで表記する。

群馬　غونما

- 促音「ッ」が入る場合は、後ろの子音を重ねて表記すると、日本語に近い発音になる。つまり、後ろの子音にシャッダ（ ّ ）を付ければよい。

北海道　هوكّايدو

- 語中の「ス」をسوと表記すると母音が強調されて不自然になるため、سだけで表記するとよい。

アスカ　أسكا　　　ケイスケ　كيسكيه

- 語頭の「トウ」「トオ」はتではなく、重たいطの音で表記する。同様に語頭の「ソウ」「ソオ」はسではなく、重たいصの音で表記する。

東京　طوكيو　　　トオル　طورو

ソウタ　صوتا

- アラビア語に似た名前がある場合（おもに女性の名前）は、アラビア語本来の綴りで書くのがよい。

マイ（ماي△）مَي　　　ハナ（هانا△）هَنَا

☞次ページにある五十音表を参考に、自分の名前を書いてみましょう。

アラビア文字による五十音表

ア	イ	ウ	エ	オ
ا، آ، أ	إي، إ، ي	أو، و	إي، إ، ي، يه	أو، و
カ	キ	ク	ケ	コ
كا	كي	كو	كي، كيه	كو
サ	シ	ス	セ	ソ
سا	شي	سو، س	سي، سيه	سو، صو
タ	チ	ツ	テ	ト
تا	تشي	تسو	تي، تيه	تو، طو
ナ	ニ	ヌ	ネ	ノ
نا	ني	نو	ني، نيه	نو
ナ	ニ	ヌ	ネ	ノ
نا	ني	نو	ني، نيه	نو
ハ	ヒ	フ	ヘ	ホ
ها	هي	فو	هي، هيه	هو
マ	ミ	ム	メ	モ
ما	مي	مو	مي، ميه	مو

30

ヤ		ユ		ヨ
يا		يو		يو
ラ	リ	ル	レ	ロ
را	ري	رو	ري، ريه	رو
ワ				
وا				
ガ	ギ	グ	ゲ	ゴ
غا	غي	غو	غي، غيه	غو
ザ	ジ	ズ	ゼ	ソ
زا	جي	زو	زي، زيه	زو
ダ	ヂ	ヅ	デ	ド
دا	جي	زو	دي، ديه	دو
バ／パ	ビ／ピ	ブ／プ	ベ／ペ	ボ／ポ
با	بي	بو	بي، بيه	بو

キャ	キュ／キョ	シャ	シュ／ショ	チャ	チュ／チョ	ニャ	ニュ／ニョ
كيا	كيو	شا	شو	تشا	تشو	نيا	نيو

ヒャ	ヒュ／ヒョ	ミャ	ミュ／ミョ	リャ	リュ／リョ
هيا	هيو	ميا	ميو	ريا	ريو

ギャ	ギュ／ギョ	ジャ	ジュ／ジョ	ビャ／ピャ	ビュ／ピュ／ビョ／ピョ
غيا	غيو	جا	جو	بيا	بيو

書いてみよう

次の人名・地名をアラビア語で書いてみましょう。

1）ハナコ

2）タロウ

3）高橋

4）加藤

5）埼玉

6）京都

解答：

1）هاناكو　　　2）تارو　　　3）تاكاهاشي

4）كاتو　　　5）سايتاما　　　6）كيوتو

基本のあいさつ

こんにちは	مَرْحَبًا. ①
	←マルハバン
こんにちは	اَلسَّلَام عَلَيْكُمْ. ②
	←アッサラーム アライクム
こんにちは〔②への返事〕	وَعَلَيْكُمُ ٱلسَّلَام. ③
	←ワアライクム アッサラーム
ありがとう（ございます）	شُكْرًا (جَزِيلًا). ④
	←シュクラン（ジャズィーラン）
初めまして／よろしく	أَهْلًا وَسَهْلًا. ⑤
	←アハラン ワサハラン
初めまして／よろしく〔⑤への返事〕	أَهْلًا بِكَ/ بِكِ. ⑥
	←アハラン ビカ／ビキ
お会いできてうれしいです	تَشَرَّفْنَا. ⑦
	←タシャッラフナー
お元気ですか？	كَيْفَ حَالُكَ/حَالُكِ؟ ⑧
	←カイファ ハールカ ハールキ
元気です、おかげさまで	(أَنَا) بِخَيْر وَٱلْحَمْد لِلّٰه. ⑨
	←（アナー）ビハイリ ワルハムドゥ リッラー

- ②は「平安があなたがたの上にありますように」という意味で、時間帯に関係なく1日中使うことができます。
- ⑥⑧は相手の性別によって言い方が異なります。男性の場合は語尾がك（カ）、女性の場合はك（キ）になります。

タンウィーン

🎧 DL 10

- アラビア語には、英語のaにあたる不定冠詞はありません。名詞の意味を限定せずに「ある〜」と言うときには「タンウィーン」を付けます。タンウィーンとは、語尾に母音記号を2つ重ねること。発音としては「ン」の音が加わります。

- 名詞は語尾の母音によって文法的な役割（「格」）が変わりますが、くわしくはあとで学ぶことにして、ここでは<u>非限定のときはタンウィーン、つまり語尾の「ン」が付く</u>と覚えてください。ただし、会話ではそんなに語尾を気にする必要はありません。

例	كِتَاب	本
	←キタ―ブ	
	كِتَابٌ	ダンマ（ ُ ）のタンウィーン
	←キタ―ブン	
	كِتَابٍ	カスラ（ ِ ）のタンウィーン
	←キタ―ビン	
	كِتَابًا	ファトハ（ َ ）のタンウィーン
	←キタ―バン	

*ファトハのタンウィーンが付く場合は、タンウィーンのあとにアリフが追加されます。ただし語尾にﺓ、ء、أ、ﺍ、ىがある場合、タンウィーンの後ろのアリフは追加されません。

نَبَأٌ	ニュース	سَمَاءٌ	空	فَتْرَةٌ	期間
←ナバアン		←サマ―アン		←ファトラタン	

35

名前・出身地を言う

キーフレーズ　　　　　　　　　　　　　　　　　　　🎧 DL 11

私の名前はヒロシです。

「ヒロシ」　「私の名前」
اِسْمِي هِيرُوشِي.
シロヒ　　ーミスイ →

1　人称代名詞

🎧 DL 12

- アラビア語の人称代名詞を覚えましょう。「あなた」は男性と女性で語尾が少し違います。「彼」「彼女」も少し形が違いますね。
- この表にあるのは人称代名詞の「主格」です。「主格」とは、「AはBです」のような文のAの位置またはBの位置に現れる形のことと考えてください。

私	أَنَا →ナア←
あなた（男）	أَنْتَ タンア←
あなた（女）	أَنْتِ ィテンア←
彼	هُوَ ワフ←
彼女	هِيَ ヤヒ←

② 「AはBです」の文　　🎧 DL 13

- 「AはBです」の文は、単語を並べるだけで作ることができます。

私はタロウです。　　　أَنَا تَارو.
　　　　　　　　　　　←アナ－　タaロウ

私の名前はハナコです。　إِسْمِي هَانَاكو.
　　　　　　　　　　　←イスミ－　ハaナコ

※　私の名前　إِسْمِي

③ 前置詞「〜から」　　🎧 DL 14

- 出身地を言うには、前置詞 مِنْ（〜から）を使います。مِنْ の後ろに出身地を言えばOKです。

私は東京出身です。　　أَنَا مِنْ طوكيو.
　　　　　　　　　←アナ－　ミン　トウキョウ

彼女はここの出身です。　هِيَ مِنْ هُنَا.
　　　　　　　　　←ヒヤ　ミン　フナ－

※　ここ　هُنَا

それぞれの人について、「私の名前は〜」「出身は〜」とアラビア語で言ってみましょう。

1）サトコ／埼玉出身

2）シロウ／栃木出身

3）鈴木ミカ／奈良出身

4）あなた自身の名前／出身地

解答は116ページ

聞いてみよう

 DL 16

 مَرْحَبًا.
←マルハバン

 مَرْحَبًا.
←マルハバン

 اِسْمِي أَمَل. وَأَنْتَ؟
←イスミー　アマル　ワアンタ

 اِسْمِي هيروشي. أَنَا يَابَانِيّ.
←イスミー　ヒロシ　アナー　ヤーバーニー

وَأَنَا مِنْ دُبَيّ. تَشَرَّفْنَا.
←ワアナー　ミン　ドゥバイ　タシャッラファナー

※　こんにちは **مَرْحَبًا** ／そして **وَ** ／
日本人（男性） **يَابَانِيّ** ／ドバイ **دُبَيّ** ／
お会いできてうれしい **تَشَرَّفْنَا**

* **وَ** は英語のandにあたる語で、後ろの単語を続けて綴ります。

日本語訳

アマル：こんにちは。

ヒロシ：こんにちは。

アマル：私の名前はアマルです。あなたは？

ヒロシ：私の名前はヒロシです。私は日本人です。

アマル：私はドバイ出身です。お会いできてうれしいです。

Unit 2

職業・身分を言う

| 「会社員（男／女）」 | 「私」 |

私は会社員です。　أَنَا مُوَظَّف/ مُوَظَّفَة.
　　　　　　　　　　ァフザッワム　フザッワム　ーナア←

① 名詞の性

🎧 DL 18

● アラビア語の名詞は、男性名詞と女性名詞に分かれます。人や自然界のものの場合は、「女性」と「男性」の区別は自然の性にしたがいます。

男性名詞

男子学生　طَالِب
　　　　ブリータ←

男の子　وَلَد
　　　　ゥドラワ←

父親　وَالِد
　　　ゥドリーワ←

男性の先生　أُسْتَاذ
　　　　　ズータスウ←

男性の友だち　صَدِيق
　　　　　クーィデサ←

男性の会社員　مُوَظَّف
　　　　　　フザッワム←

女性名詞

女子学生　طَالِبَة
　　　　バリータ←

女の子　بِنْت
　　　　ゥトンビ←

母親　وَالِدَة
　　　ダリーワ←

女性の先生　أُسْتَاذَة
　　　　　ザータスウ←

女性の友だち　صَدِيقَة
　　　　　カーィデサ←

女性の会社員　مُوَظَّفَة
　　　　　　ァフザッワム←

● 無生物の場合、基本的に、語尾にター・マルブータ（ة）が付いている名詞、外来語でアリフ（ا）で終わっている名詞は女性名詞と判断していいでしょう。それ以外は男性名詞です。

男性名詞

本 كِتَاب
←ブータキ

家 بَيْت
←ウトイバ

ドア بَاب
←ブーバ

国 بَلَد
←ウドラバ

寺院 مَعْبَد
←ウドバアマ

ペン قَلَم
←ムラカ

女性名詞

教会 كَنِيسَة
←サーニカ

車 سَيَّارَة
←ラーヤイサ

建物、ビル بِنَايَة
←ヤーナビ

カメラ كَامِيرَا
←ラメカ

テーブル طَاوِلَة
←ラィウータ

大学 جَامِعَة
←アミーャジ

*ただし、国名・都市名のほとんどは女性名詞扱いになります。
*外来語は、元の言語に近い発音になります。

● 指示代名詞にも男性形・女性形があります。「これ／あれはAです」という文では、指示されるもの、つまりAの名詞の性によって使う指示代名詞が異なるわけです。文の作り方は簡単で、指示代名詞の後ろに名詞をそのまま続けるだけです。

	男 性	女 性
これ	هٰذَا ーザーハ←	هٰذِهِ ヒィズーハ←
あれ	ذٰلِكَ カリーザ←	تِلْكَ カルィテ←

これは本です。　هٰذَا كِتَاب.
ブータキ　ーザーハ←

こちらはマイです。　هٰذِهِ مَي.
イマ　ヒィズーハ←

あれは大学です。　تِلْكَ جَامِعَة.
アミーャジ　カルィテ←

③ 疑問文「〜ですか」

● 文頭に「〜ですか」を意味する هَلْ を付けると、疑問文を作ることができます。答えるときは نَعَمْ「はい」、 لَا「いいえ」を使いましょう。

あなた（男）は学生ですか。 **هَلْ أَنْتَ طَالِبٌ؟**
ルハ　タンア　ブリータ

はい、私は学生です。 **نَعَمْ، أَنَا طَالِبٌ.**
ムアナ　ーナア　ブリータ

いいえ、私は会社員です。 **لَا، أَنَا مُوَظَّفٌ.**
ーラ　ーナア　フザッワム

* لا はラーム（ل）とアリフ（ا）がつながった形です。

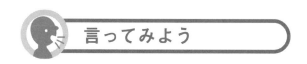
イラストを見て、次の質問に答えましょう。

1) هَلْ تِلْكَ كَنِيسَة؟

（大学）

2) هَلْ أَنْتِ طَالِبَة؟

（先生）

3) هَلْ هٰذَا بَيْت؟

（寺院）

4) هَلْ أَنْتَ مُوَظَّف؟

（会社員）

☞ 解答は116ページ

مَرْحَبًا، أَنَا أَمَل مِنْ دُبَيّ.
イバウド　ンミ　ルマア　ーナア　ンバハルマ←

مَرْحَبًا، أَنَا مِنْ مِصْر. اِسْمِي عُمَر.
ルマオ　ーミスイ　ルスミ　ンミ　ーナア　ンバハルマ←

أَنَا طَالِبَة. هَلْ أَنْتَ طَالِب أَيْضًا؟
ンダイア　ブリータ　タンア　ルハ　バリータ　ーナア←

لَا، أَنَا أُسْتَاذ هُنَا.
ーナフ　ズータスウ　ーナア　ーラ←

آه، أَنَا آسِفَة. بَعْدَ إِذْنِكَ.
カニズィ　ダアバ　ァフィスーア　ーナア　ーア←

تَفَضَّلِي.
ーリダッァフタ←

※　エジプト مِصْر ／～も أَيْضًا ／ああ آه ／
すみません〔女性形〕 آسِفَة ／
（男性に対して）失礼します بَعْدَ إِذْنِكَ ／
（女性に対して）どうぞ تَفَضَّلِي

日本語訳
アマル：こんにちは。私はアマルです。ドバイ出身です。
オマル：こんにちは。私はエジプト出身です。私の名前はオマルです。
アマル：私は学生です。あなたも学生ですか。
オマル：いいえ、私はここの教師です。
アマル：ああ、すみません。失礼します。
オマル：どうぞ。

身近なものについて言う

🎧 DL 23

キーフレーズ

「（そして）大きい」「古い」「その家」

その家は古くて大きい。

اَلْبَيْت قَدِيم وَكَبِير.

ルービカワ　　ムーィデカ　ゥトイバルア←

① **定冠詞**

🎧 DL 24

- アラビア語には定冠詞があり、意味を限定する場合、名詞・形容詞の語頭にاَلْの2文字を付けます。また、文法的に定冠詞が必要な場合もあります。

- 意味を限定する必要がない場合、定冠詞は要りません。

> 定冠詞を付けるのは……
> ・話し手と聞き手の間で共有されている情報
> ・1つしかないもの（太陽など）
> ・文法的に定冠詞を必要とするもの（主語、目的地や場所を表す前置詞に続く名詞、一部の動詞の目的語など）

- 単語の頭にある、ハムザの付いていないアリフは、文中などで前に単語がある場合は発音されません。発音されない場合、ワスラ記号（ٱ）を付けて、アリフがミュート化されることを表します。このワスラ記号付きのアリフは、文中のみに現れます。<u>ワスラ記号が付いたアリフ ٱ は発音しないと覚えましょう。</u>

少女と少年 اَلْبِنْت وَٱلْوَلَد
ウドラワルワ ゥトンビルア←

その町から مِنَ ٱلْمَدِينَة
ナーィデマル ナミ←

※町、都市 مَدِينَة

*ワスラ記号が付いたアリフを飛ばして読むときにスクーンが連続した場合、補助的な母音を入れて読みます。上の例では مِنْ [ミン] が مِنَ [ミナ] と読まれます。

2 形容詞の性 🎧 DL 25

● 形容詞にも性があります。基本的に、男性形の最後に ة を付けると女性形になります。

形容詞の意味	男性形	女性形
美しい、きれいである	جَمِيل ルーミャジ←	جَمِيلَة ラーミャジ←
大きい	كَبِير ルービカ←	كَبِيرَة ラービカ←
小さい	صَغِير ルーギサ←	صَغِيرَة ラーギサ←
頭がよい	ذَكِيّ イキザ←	ذَكِيَّة ヤイキザ←
新しい	جَدِيد ゥドーィデャジ←	جَدِيدَة ダーィデャジ←
古い	قَدِيم ムーィデカ←	قَدِيمَة マーィデカ←
最新の、近代的である	حَدِيث スーィデハ←	حَدِيثَة サーィデハ←

- 形容詞が男性名詞を修飾するときは男性形、女性名詞を修飾するときは女性形を使います。名詞が限定されている（定冠詞が付いている）のであれば、形容詞にも定冠詞を付けましょう。語順は日本語と逆で、［名詞→形容詞］の順に並べます。

大きい家　　　بَيْت كَبِير

←バイトゥ　カビール

スマートフォン　　　هَاتِف ذَكِيّ

←ハーティフ　ザキイ

古い時計　　　سَاعَة قَدِيمَة

←サーア　カディーマ

（特定の）新しい椅子　　　اَلْكُرْسِيّ الْجَدِيد

←アルクルスィイ　アルジャディードゥ

（特定の）近代的なビル　　　اَلْبِنَايَة الْحَدِيثَة

←アルビナーヤ　アルハディーサ

※ 電話 هَاتِف ／時計 سَاعَة ／椅子 كُرْسِيّ

- 形容詞は文の述語としても使うことができます。複数の形容詞を使う場合は、英語のandにあたる接続詞وで形容詞同士をつなぎましょう。アラビア語の文は、基本的に「主語は限定・述語は非限定」になります。

その大学はきれいだ。　　　اَلْجَامِعَة جَمِيلَة.

←アルジャーミア　ジャミーラ

その家は古くて大きい。　　　اَلْبَيْت قَدِيم وَكَبِير.

←アルバイトゥ　カディーム　ワカビール

その古い家は大きい。　　　اَلْبَيْتُ الْقَدِيم كَبِير.

←アルバイトゥル　カディーム　カビール

③ 「この／あの～」

DL 26

- 「この～」と言うときは、Unit 2で見た指示代名詞のあとに限定の名詞を続けます。

この本　هٰذَا ٱلْكِتَاب
　　　　　　ブータキル　　ザーハ←

*定冠詞の前の単語が長母音で終わる場合、その長母音は短母音に変わります。つまり هٰذَا [ハーザー] の後ろに定冠詞が来れば、 [ハーザ] という発音になります。

- 形容詞と組み合わせ、「この／あの～は…です」という文を作ってみましょう。

この椅子は新しい。　هٰذَا ٱلْكُرْسِيّ جَدِيد.
　　　　　　　　　　ゥドーィデャジ　　イィスルクル　　ザーハ←

このコーヒーはおいしい。　هٰذِهِ ٱلْقَهْوَة لَذِيذَة.
　　　　　　　　　　　　ザーィズラ　　ワホカル　ヒィズーハ←

あの寺院は美しい。　ذٰلِكَ ٱلْمَعْبَد جَمِيل.
　　　　　　　　　ルーミャジ　ゥドバアマル　カリーザ←

あの大学は古い。　تِلْكَ ٱلْجَامِعَة قَدِيمَة.
　　　　　　　　マーィデカ　アミーャジル　カルィテ←

※ コーヒー قَهْوَة ／ おいしい لَذِيذ

49

次の日本語をアラビア語に訳して言ってみましょう。

1）その建物は古い。

2）そのお寺は小さい。

3）その大きい家は新しい。

4）あの近代的なビルは大きい。

☞解答は116ページ

名詞と形容詞の性をそろえるのを忘れないようにしましょう。定冠詞が付いたときの発音にも注意してください。

Unit 3 身近なものについて言う

مَرْحَبًا يَا هيرومي. هٰذَا أَخِي وَليد.

وَليد، هِيَ هيرومي مِنَ اْليَابَان.

أَهْلًا وَسَهْلًا. كَيْفَ حَالُكِ؟

أَهْلًا بِكِ، تَشَرَّفْنَا. وَمَنْ هِيَ؟

هٰذِهِ مَرْوَة، صَدِيقَتِي فِي اْلمَدْرَسَة.

مَرْوَة خَجُولَة قَلِيلًا.

حَقًّا؟ أَنَا أَيْضًا خَجُولَة!

هيرومي، هَيَّا بِنَا إِلَى اْلجَامِعَة.

※　やあ〔呼びかけ〕 يَا ／私の兄弟 أَخِي ／日本 اَلْيَابَان ／
はじめまして、よろしく أَهْلًا وَسَهْلًا ／
（女性に対して）お元気ですか كَيْفَ حَالُكِ؟ ／
はじめまして、よろしく〔男性への返事〕 أَهْلًا بِكَ ／だれ مَنْ ／
私の友だち（女） صَدِيقَتِي ／～に、～で فِي ／学校 مَدْرَسَة ／
シャイである خَجُول ／少し قَلِيلًا ／本当に حَقًّا ／
さあ行きましょう هَيَّا بِنَا ／～へ إِلَى

日本語訳：

オマル　　：ヒロミさん、こんにちは。この人は弟のワリードゥです。ワ
　　　　　　リードゥ、こちらは日本から来たヒロミさん。

ワリードゥ：よろしくお願いします。ごきげんよう！

ヒロミ　　：こちらこそ。お会いできてうれしいです。
　　　　　　そちらはどなたですか。

ワリードゥ：こちらはマルワ、学校の友だちです。マルワは少しシャイな
　　　　　　んです。

ヒロミ　　：本当ですか。私もシャイです！

オマル　　：ヒロミさん、さあ、大学へ行きましょう。

* مَدْرَسَة は小学校・中学校・高校などを指し、جَامِعَة は大学などの高等教育
　機関を指します。

太陽文字と月文字　 🎧 DL 29

- アラビア語のアルファベットは、「太陽文字」と「月文字」の2種類に分かれます。それぞれ14文字ずつです。

太陽文字：ت、ث、د、ذ، ر، ز، س، ش، ص، ض، ط، ظ، ل، ن

月文字 ：ا، ب، ج، ح، خ، ع، غ، ف، ق، ك، م، ه، و، ي

- 太陽文字に共通するのは、舌先を使わなければ発音できないこと。「サタナラ行＆濁音」と覚えるとよいでしょう（ただしجは月文字なので要注意）。太陽文字は、前に定冠詞اَلْ [アル] が付くと、لが太陽文字と同化して詰まった音になります。一方、月文字は、前に定冠詞اَلْが付いても詰まった音にはならず、文字通りに発音されます。

	定冠詞あり	定冠詞なし		定冠詞あり	定冠詞なし
男性	اَلرَّجُل ←ルジラッア	رَجُل ←ルジラ	大学	اَلْجَامِعَة ←アミーャジルア	جَامِعَة ←アミーャジ
学生	اَلطَّالِب ←ブリータッア	طَالِب ←ブリータ	男の子	اَلْوَلَد ←ゥドラワルア	وَلَد ←ゥドラワ
砂糖	اَلسُّكَّر ←ルカッスッア	سُكَّر ←ルカッス	女の子	اَلْبِنْت ←ゥトンビルア	بِنْت ←ゥトンビ
紅茶	اَلشَّاي ←イーャシッア	شَاي ←イーャシ	先生	اَلْأُسْتَاذ ←ズータスウルア	أُسْتَاذ ←ズータスウ

53

Unit 4

国籍・所属を言う

「日本人」 「私」

私は日本人（女性）です。 أَنَا يَابَانِيَّة.

ヤイニーバーヤ ―ナア←

① ニスバ形容詞 🎧 DL 31

- 「ニスバ」とは、国・組織に属する、または関係することを意味します。ニスバ形容詞は、国籍を表す「〜人」という言い方で最も多く使われます。また、大学に属する学生（大学生）、行政機関に属する職員（公務員）のような言い方にも使われます。

ニスバ形容詞の作り方
- 定冠詞が付いている場合は定冠詞をはずす
- 語尾に ة または ا が付いている場合ははずす
- 男性の場合は語尾に ـِيّ [イ] を、女性の場合は ـِيَّة [イャ] を付ける

يَابَانِيَّة / يَابَانِيّ ← يَابَان ← اَلْيَابَان 日本

ヤイニーバーヤ← イニーバーヤ← ―バーヤ ンーバーヤルア←

مِصْرِيَّة / مِصْرِيّ ← --- ← مِصْر エジプト

ヤイリスミ← イリスミ← ルスミ←

سُورِيَّة / سُورِيّ ← سُورِيـ ← سُورِيَا シリア

ヤイリース← イリース← ―ヤリース←

54

大学	جَامِعَة ← جَامِع ← جَامِعِيّ / جَامِعِيَّة

アミーャジ　←イイミーャジ　←ヤイイミーャジ

政府	حُكُومَة ← حُكُوم ← حُكُومِيّ / حُكُومِيَّة

マークフ　←イミークフ　←ヤイミークフ

マリコは日本人です。　　ماريكو يَابَانِيَّة.

←コリマ　ヤイニーバーヤ

ٱلْإِسْكَنْدَرِيَّة مَدِينَة مِصْرِيَّة.

←ルアスイカダンリィラ　　ナーィデマ　ヤイイリスミ

アレクサンドリアはエジプトの都市です。

ヒトミは大学生です。　　هيتومي طَالِبَة جَامِعِيَّة.

←ヒトミ　　バリータ　ヤイイミーャジ

私は公務員（＝政府の職員）です。　　أَنَا مُوَظَّف حُكُومِيّ.

アーナ　ムワッザフ　フクーミイ

※　アレクサンドリア　ٱلْإِسْكَنْدَرِيَّة

言ってみよう

🎧 DL 32

次の日本語をアラビア語に訳して言ってみましょう。

1）私は日本人（男）です。

2）あなた（女）はエジプト人ですか。

3）彼女はシリア人学生です。

解答は117ページ

🎧 DL 33

● 「私の〜」などと言いたいときは、「〜」にあたる名詞の語尾に、人称
代名詞の属格を続けます。名詞とくっつけて使うので、見た目はひとつ
の単語のようになります。属格の形は以下のとおりです。

私の	ـِي [—イ]	彼の	ـهُ [フ]
あなた（男）の	ـكَ [カ]	彼女の	ـهَا [—ハ]
あなた（女）の	ـكِ [キ]		

● ここでは、人称代名詞の属格が名詞に付くとき、名詞の語尾の母音は
「ウ」にしましょう。「私の」が付くときは、名詞の語尾の母音が
「イ」になります。たとえば「名前」を表す اِسْم [イスム] に属格形の人称
代名詞を付けると……

私の名前	[イスミー] اِسْمِي = ـِي + اِسْم
あなた（男）の名前	[イスムカ] اِسْمُكَ = ـكَ + اِسْم
あなた（女）の名前	[イスムキ] اِسْمُكِ = ـكِ + اِسْم
彼の名前	[イスムフ] اِسْمُهُ = ـهُ + اِسْم
彼女の名前	[イスムハー] اِسْمُهَا = ـهَا + اِسْم

اِسْمِي مَي.

私の名前はマイです。

ﾐｽｲ←　ｲﾏ

هٰذَا كِتَابُهُ.

これは彼の本です。

ｻﾞｰﾊ←　ﾌﾌﾞﾀｷ

هَاتِفُكَ قَدِيم.

あなた（男）の電話は古いです。

ﾃｰﾊ←　ｶﾌｨ　ﾑｰｨﾃﾞｶ

● 語尾が ة で終わる女性名詞の場合は、語尾をター（ت）に変えてから人称代名詞の属格形を続けます。

هَلْ هٰذِهِ غُرْفَتُكِ؟

これはあなた（女）の部屋ですか。

ﾙﾊ←　ﾋｨｽﾞｰﾊ　ｷｭﾄｧﾌﾙｸﾞ

※ 部屋 غُرْفَة

 言ってみよう

🎧 DL 34

[　] の名詞に適切な人称代名詞の属格形を付けて、言ってみましょう。

1）私の国は日本です。

[بَلَد] ٱلْيَابَان.

2）彼は私の父です。

هُوَ [وَالِد].

3）あなた（男）の部屋は大きい。

[غُرْفَة] كَبِيرَة.

4）あなた（女）の大学はきれいだ。

[جَامِعَة] جَمِيلَة.

解答は117ページ

57

● 人称代名詞「彼」「彼女」は、すでに出てきた人間以外の男性名詞・女
性名詞を指して、「それ」という意味でも使うことができます。

彼・それ（男性名詞）	هُوَ ←ワフ
彼女・それ（女性名詞）	هِيَ ←ヤヒ

هِيَ صَدِيقَتِي، اِسْمُهَا كايو.
ヨカ　　ーハムスイ　　ーィテカーィデサ　　ヤヒ←

彼女は私の友だちで、名前はカヨです。

هٰذَا مَعْبَد، هُوَ كَبِير وَقَدِيم.
ムーィデカワ　　ルービカ　　ワフ　　ゥドバアマ　　ーザーハ←

これはお寺です。それは大きくて古いです。

تِلْكَ جَامِعَة، هِيَ جَمِيلَة وَجَدِيدَة.
ダィディジワ　　ラーミャジ　　ヤヒ　　アミーャジ　　カルィテ←

あれは大学です。それはきれいで新しいです。

● 属格の هُ と هَا も、人間以外の男性名詞・女性名詞を指して「それの」と
いう意味で使うことができます。

ذٰلِكَ بَيْت، غُرْفَتُهُ كَبِيرَة.
ラービカ　　フゥトァフルグ　　ゥトイバ　　カリーザ←

あれは家です。その部屋は大きいです。

聞いてみよう

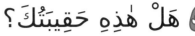

هَلْ هٰذِهِ حَقِيبَتُكَ؟

カゥトバーキハ　ヒィズーハ　ルハ←

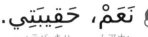

نَعَمْ، حَقِيبَتِي.

ーィテバーキハ　　ムアナ←

وَهٰذِهِ أَيْضًا حَقِيبَتُكَ؟

カゥトバーキハ　ンダイア　ヒィズーハワ←

لَا، هِيَ حَقِيبَتُهَا.

ーハゥトバーキハ　ヤヒ　ーラ←

تَفَضَّل. جَوَاز سَفَركَ لَوْ سَمَحْتَ.

タハマサ　ウラ　カリファサ　ズーワジ　ルダッァフタ←

نَعَمْ، تَفَضَّلِي.

ーリダッァフタ　ムアナ←

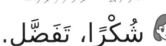

شُكْرًا، تَفَضَّل.

ルダッァフタ　ンラクュシ←

※　カバン حَقِيبَة　／（男性に対して）どうぞ تَفَضَّل／パスポート جَوَاز سَفَر／
　（男性に対して）～をください、お願いします لَوْ سَمَحْت／ありがとう شُكْرًا

日本語訳：

職員　：これはあなたのカバンですか。

オマル：はい、私のカバンです。

職員　：これもあなたのカバンですか。

オマル：いいえ、それは彼女のカバンです。

職員　：どうぞ。パスポートをください。

オマル：はい、どうぞ。

職員　：ありがとうございます。お返しします。

主格と属格

- 人称代名詞について、Unit 1では主格、Unit 4では属格の形を勉強しました。アラビア語では、人称代名詞だけでなく、名詞や形容詞にも、**「主格」「属格」「対格」**という３つの格があります。どの格になるかは文中での役割によって決まり、語尾の母音を変えることで３つの格を区別します。これが「格変化」です。ただし、会話ではそんなに語尾を気にする必要はありません。

- ここでは كِتَاب（本）を例に、まず主格と属格を見てみましょう。

主格

- 簡単にいえば「主語」を表す。

- 名詞文では、「AはBです」のA・Bはどちらも主格。動詞の文「Aは～します」では、主語Aが主格。

	非限定	限定
語尾	ٌ　[～ウン]	ُ　[～ウ]
例	ある本　كِتَابٌ ←キタァブン	その本　اَلْكِتَابُ ←アルキタァブ

その本は新しい。　اَلْكِتَابُ جَدِيدٌ.
←アルキタァブ　ジャディードゥン

その町は美しい。　اَلْمَدِينَةُ جَمِيلَةٌ.
←アルマディーナトゥ　ジャミーラトゥン

属 格

- 「〜の」という所有を表す。（Unit 5 でくわしく学びます。）
- 前置詞の後ろに来る名詞も属格になる。

	非限定	限定
語尾	ٍ ［〜イン］	ِ ［〜イ］
例	كِتَابٍ ←キタービーン	اَلْكِتَابِ ←アルキタービー

その先生の本は古い。　كِتَابُ ٱلْأُسْتَاذَةِ قَدِيمٌ.
←キタブー　ウルスタザーティ　カディームン

私の友人は大学にいます。　صَدِيقِي فِي ٱلْجَامِعَةِ.
←サディーキー　フィ　ジャーミィアティ

*上の例文では、「〜の」にあたる اَلْأُسْتَاذَة（先生）が属格、下の例文で
は、前置詞 فِي の後ろの اَلْجَامِعَة（大学）が属格になっています。

Unit 5

家族や持ち物について言う

🎧 DL 38

キーフレーズ

「姉妹」「と」「兄弟」「私はもっている」

私には弟と妹がいます。

عِنْدِي أَخ وَأُخْت.
ウトフウ　フア　ーィデンイー

---

1 所有表現「～をもっている」

🎧 DL 39

- 「～をもっている」と言うとき、日本語や英語では動詞を使いますが、アラビア語では、基本的に動詞を使わず、次のように所有を表します。

人・モノ	＋	所有者	＋	عِنْدَ 前置詞

（基本的に非限定の名詞）　　（限定の名詞）　　　　ダンイー

- 単に「〇〇は～をもっている」、「〇〇には～がいる・ある」と言う場合、所有される人・モノは非限定の形になります。「この／その～をもっている」のように限定して言う場合は、所有される人・モノが ～ أَلْ هٰذَا \ هٰذِهِ أَلْ～ という形で続きます。

- 前置詞に続く名詞は属格になるため、所有者は属格をとり、所有される人・モノは主格をとります。会話では語尾の母音を省いても問題ありません。

عِنْدَ الْأُسْتَاذِ بِنْتٌ جَمِيلَةٌ.
ンゥトラーミャジ　ンゥトンビ　ィズータスウル　ダンイー

その先生にはきれいな娘がいる。

عِنْدَ ٱلطَّالِبِ هٰذَا ٱلْكِتَابُ ٱلْجَدِيدُ.

← ダンイ ザーハ ブータキル ザーハ ビリータッ ウドーィデャジル

学生はこの新しい本を持っている。

● 所有者が「私」「あなた」などの場合は、前置詞عِنْدの語尾に人称代名詞の属格を続けます。

私は〜をもっている	عِنْدِي ~ ←ィデンイ
あなた（男）は〜をもっている	عِنْدَكَ ~ カダンイ←
あなた（女）は〜をもっている	عِنْدَكِ ~ キダンイ←
彼は〜をもっている	عِنْدَهُ ~ フダンイ←
彼女は〜をもっている	عِنْدَهَا ~ ←ハダンイ

今、私は時間があります。   ٱلْآنَ عِنْدِي وَقْتٌ.

ンゥトクワ ーィデンイ ンーアルア←

あなたは授業がありますか。   هَلْ عِنْدَكَ مُحَاضَرَةٌ؟

ンゥトラダーハム カダンイ ルハ←

私には弟（/兄）と妹（/姉）がいます。   عِنْدِي أَخٌ وَأُخْتٌ.

ンゥトフウワ ンフア ーィデンイ←

彼は大きな問題を抱えている。 عِنْدَهُ مُشْكِلَةٌ كَبِيرَةٌ.

←イダンフ　ンゥトラキュシム　ンゥトラービカ

※ 今 اَلْآنَ ／時間 وَقْتٌ ／（大学の）授業 مُحَاضَرَةٌ ／兄弟 أَخٌ ／

姉妹 أُخْتٌ ／問題 مُشْكِلَةٌ

2 イダーファ表現「AのB」

🎧 DL 40

- 「AのB」のように名詞を続ける表現を「イダーファ」（追加・付け加えることの意）と呼びます。

イダーファ表現の作り方

❶日本語「AのB」の語順と逆にする（つまりB→A）

❷Bにあたる名詞には定冠詞を付けない（非限定）

❸Aにあたる名詞は、基本的に定冠詞などを付けて限定する

- Aは必ず属格になりますが、Bは文中での役割によって格が異なります。
- Aが限定の場合、イダーファ表現が主語になることも述語になることもできますが、Aが非限定の場合、基本的に主語にはなりません。

限定（そのAのB）		非限定（あるAのB）	
その少女のカバン	حَقِيبَةُ ٱلْبِنْتِ	ある少女のカバン	حَقِيبَةُ بِنْتٍ
	←ィテンビル　ゥトバーキハ		←ィテンビ　ゥトバーキハ
その大学の先生	أُسْتَاذُ ٱلْجَامِعَةِ	ある大学の先生	أُسْتَاذُ جَامِعَةٍ
	←ィテアミーャジル　ズータスウ		←ィテアミーャジ　ズータスウ
その家族の家	بَيْتُ ٱلْعَائِلَةِ	ある家族の家	بَيْتُ عَائِلَةٍ
	←ィテライーアル　ゥトイバ		←ィテライーア　ゥトイバ

これはその家族の家です。 هَذَا بَيْتُ ٱلْعَائِلَةِ.
←ハーザー バイトゥ アル－イーライテ

これは友人の犬です。 هَذَا كَلْبُ صَدِيقِي.
←ハーザー カルブ サディーキ－

その先生の本は新しい。 كِتَابُ ٱلْأُسْتَاذِ جَدِيدٌ.
←キターブー ルスタスウズィ ジャディードゥン

その会社のビルは古い。 بِنَايَةُ ٱلشَّرِكَةِ قَدِيمَةٌ.
←ビナーヤートゥ シッリャカティ デカイーマトゥン

家族 عَائِلَة ／犬 كَلْب ／会社 شَرِكَة

🎧 DL 41

1）こちらは私の娘の友人（女）です。

2）その先生（男）の家は新しい。

3）その家族の問題は大きい。

家族や持ち物について言う

هَلْ عِنْدَكَ عَمَلٌ الْيَوْمَ؟

لَا، وَلٰكِنْ عِنْدِي دِرَاسَة.

يَاه، أَنْتَ مَشْغُول دَائِمًا إِذًا.

مَشْغُول أَحْيَانًا. هَلْ عِنْدَكِ وَقْت غَدًا؟

غَدًا صَبَاحًا عِنْدِي وَقْت. وَأَنْتَ؟

أَنَا عِنْدِي وَقْت مَسَاءً فَقَطْ.

آه، مَا بِالْيَد حِيلَة!

※ 仕事 عَمَل ／今日 الْيَوْم ／しかし لٰكِنْ ／勉強 دِرَاسَة ／
　إِذًا それでは／ دَائِمًا いつも／ مَشْغُول 忙しい／ يَاه へえ
　時々 أَحْيَانًا ／明日 غَدًا ／午前中 صَبَاحًا ／夕方 مَسَاء ／
　مَا بِالْيَد حِيلَة しかたない／ فَقَطْ ～だけ

＊لٰكِنْ はよくوと組み合わされ、وَلٰكِنْの形で使用されます。

日本語訳：

アマル：今日仕事はありますか。

オマル：いいや。でも、勉強はあります。

アマル：へえ、じゃあ、いつも忙しいんですね。

オマル：時々忙しいです。明日は時間がありますか。

アマル：明日は午前中時間があります。あなたは？

オマル：私は夕方だけ時間があります。

アマル：ああ、しかたないわ！

Unit 6

住んでいる場所を言う

キーフレーズ　🎧 DL 43

「鎌倉」　「市」　「~に」「私は住んでいる」

私は鎌倉市に住んでいます。　أَسْكُنُ فِي مَدِينَة كَاماكُورا.

← ヌクスア　　ーィフ　　ウトナーィデマ　　ラクマカ

---

① 動詞の現在形　🎧 DL 44

- アラビア語の動詞は主語によって形を変えます。これを動詞の「活用」と呼びます。ここでは現在のことを表す動詞の形を覚えましょう。

- 下の表は、「する」という動詞の活用形です。主語によって語頭と語尾に付く文字が決まっているので、このパターンを覚えれば、いろんな動詞を活用させることができます。

- 動詞の活用形には主語の意味が含まれるので、たとえばأَنَاがなくてもأَفْعَلُだけで「私はする」という意味になります。

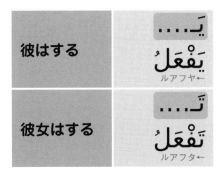

私はする	أَ.... أَفْعَلُ ←ルアフア	彼はする	يَ.... يَفْعَلُ ←ルアフヤ
あなた（男） はする	تَ.... تَفْعَلُ ←ルアフタ	彼女はする	تَ.... تَفْعَلُ ←ルアフタ
あなた（女） はする	تَ....ِينَ تَفْعَلِينَ ←ナーリアフタ		

書いてみよう

空欄にそれぞれ動詞の活用形を書き入れ、表を完成させましょう。

	「飲む」	「住む」	「働く」
私は〜	⑨	أَسْكُنُ	①
あなた（男）は〜	⑩	⑤	تَعْمَلُ
あなた（女）は〜	⑪	⑥	②
彼は〜	⑫	⑦	③
彼女は〜	تَشْرَبُ	⑧	④

☞ 解答は117ページ

● 動詞の文の語順は、［動詞－主語－目的語］または［主語－動詞－目的語］です。会話では後者が多く使われます。主語は主格、目的語は対格になります（→対格についてはp.75参照）。

あなた（男）はどこに住んでいますか。

أَيْنَ تَسْكُنُ؟
ヌクスタ　ナイア←

أَسْكُنُ فِي مَدِينَة كاماكورا.
ラクマカ　　　ゥトナーィデマ　　ーィフ　　ヌクスア←

私は鎌倉市に住んでいます。

توموهيرو يَعْمَلُ فِي كاناغاوا.
ワガナカ　　　ーィフ　　ルマアヤ　　ロヒモト←

トモヒロは神奈川で働いている。

هَل تَدْرُسِينَ اللُّغَة الْعَرَبِيَّة هُنَا؟
ーナフ　　ヤイビラアル　　ガルッ　　ナーィスルゥドタ　　ルハ←

あなた（女）はここでアラビア語を勉強しているんですか。

سَارَة تَشْرَبُ الْقَهْوَة وَأَحْمَد يَشْرَبُ الشَّاي.
イーャシッ　　ブラュシヤ　　ドマハアワ　　ワホカル　　ブラュシタ　　ラーサ←

サーラはコーヒーを飲み、アハマドは紅茶を飲みます。

※ どこ أَيْن ／あなた（女）は勉強する تَدْرُسِينَ ／
アラビア語 لُغَة عَرَبِيَّة ／紅茶 شَاي

- 現在形の動詞の否定は簡単です。動詞の前に、否定詞 **لَا** [ラー] を入れる だけでOKです。

私は東京に住んでいません。　**(أَنَا) لَا أَسْكُنُ فِي طوكيو.**
→アナー　ラー　アスクヌ　フィー　トウキョウ

彼はお酒を飲まない。　**(هُوَ) لَا يَشْرَبُ ٱلْخَمْر.**
→フワ　ラー　ヤシュラブ　ハルムル

ハナコは今日は仕事をしない。　**هاناكو لَا تَعْمَلُ ٱلْيَوْم.**
→ハナコ　ラー　タアマル　ヤウムル

※ 酒　**خَمْر**

次の日本語をアラビア語に訳して言ってみましょう。

1）私は大阪で働いています。

2）私はアラビア語を勉強しています。

3）あなた（女）はどこに住んでいますか。

4）私は東京に住んでいます。

5）今日あなた（男）は仕事をしますか。

6）今日私は仕事をしません。

☞解答は117ページ

صَبَاحُ ٱلْخَيْرِ يَا عُمَر، أَيْنَ أَنْتَ ٱلْآنَ؟

ン－ル　タンア　ナイア　ルマオ　－ヤ　ルイハル　フーバサ←

صَبَاحُ ٱلنُّورِ، أَنَا فِي ٱلْبَيْت. كَيْفَ حَالُكِ؟

キルーハ　ァフイカ　ゥトイバル　ィフ　－ナア　ルーヌン　フーバサ←

لَا بَأْس، ٱلْحَمْد لله. مَاذَا تَفْعَلُ ٱلْيَوْم؟

ムウヤル　ルアフタ　－ザーマ　－ッラリ　ゥドムハルア　スッバ　－ラ←

ٱلْيَوْم أُشَاهِدُ فِيلْم فِي ٱلسِّينِمَا.

－マニーィッス　ィフ　ムルーィフ　ゥドヒーャシウ　ムヤルア←

هَلْ تَذْهَبِينَ مَعِي؟

－イマ　ナービハズタ　ルハ←

مَا نَوْعُ ٱلْفِيلْم؟

ムルーィフル　ウウナ　－マ←

هُوَ فِيلْم رُومَانْسِيّ، أَعْتَقِدُ.

ゥドキタアア　ィィスンマール　ムルーィフ　ワフ←

لَا بَأْس.

スッバ　－ラ←

اِتَّفَقْنَا.

－ナクァフタッイ←

※ おはよう صَبَاحُ النُّور ／ おはよう〔返事〕 صَبَاحُ الْخَيْر

何 مَاذَا ／ おかげさまで الْحَمْدُ لِله ／ まあまあだ لَا بَأْس

私は見る أُشَاهِدُ ／ 映画 فِيلْم ／ 映画館 سِينِمَا

あなた（女）は行く تَذْهَبِين ／ 私と一緒に مَعِي ／ 何 مَا

ジャンル نَوْع ／ 恋愛の、ロマンチックな رُومَانْسِيّ

私は思う أَعْتَقِدُ ／ （私たちは）合意した اِتَّفَقْنَا

*النُّور は نُور [ヌール] に定冠詞が付いた形ですが、ヌーン（ن）が太陽文字なので定冠詞のラーム（ل）が同化し、[(ア)ンヌール] という発音になります（→p.53）。

日本語訳：

アマル：オマル、おはよう。今どこなの？

オマル：おはよう。家にいるよ。元気？

アマル：まあまあだね、おかげさまで。今日は何する？

オマル：今日は映画館で映画を観る。一緒に行かない？

アマル：映画のジャンルは？

オマル：恋愛映画だと思う。

アマル：いいかも。

オマル：決定！

対格

- 「主格」「属格」につづき、Unit 6では「対格」が登場しました。動詞が使われる文では、主語は主格、目的語は対格になります。

対 格

- 動詞の目的語になる。
- 非限定のタンウィーンでは、後ろにアリフ（ا）が付く。ただし語尾が ة، أ، ء، ى の場合、アリフは付かない。

	非限定	限 定
語尾	◌ً [～アン]	◌َ [～ア]
例	（本）كِتَابًا ←キタバーン	（その本）اَلْكِتَابَ ←アルキタバー

私は簡単な言語を学ぶ。　اَدْرُسُ لُغَةً سَهْلَةً.
←アドルス　ルガタン　サハラタン

※　簡単である سَهْل／言語 لُغَة

- 形容詞や名詞を副詞的に用いる場合も対格になる。

彼女は少しシャイです。　هِيَ خَجُولَةٌ قَلِيلًا.
←ヒヤ　ハジュール　カリーラン

*この例文では、形容詞 قَلِيل（少ない）の対格 قَلِيلًا が「少し」という意味で副詞的に使われています。

あるもの・ないものについて言う

🎧 DL 51

「駅」「（〜が）ある」「どこ」

駅はどこにありますか。

أَيْنَ تُوجَدُ ٱلْمَحَطَّة؟

タッハマル　　ウドゥャジーウト　ナイア←

1　存在文「…に〜がある」

🎧 DL 52

- 「ドコドコに〜がある・いる」と言うときは、هُنَاكَ [フナーカ] または يُوجَدُ [ユージャドゥ] の後ろに非限定の主語を続けます。

- يُوجَدُ と هُنَاكَ は同じ意味ですが、يُوجَدُ は具体的な人・モノが主語になるときに使うことが多いです。هُنَاكَ は抽象名詞（「問題」など）が主語になるときも同様に使われます。

- يُوجَدُ は動詞で、後ろに続く主語の性に合わせて形を変えます。主語が男性名詞なら يُوجَدُ を、女性名詞なら تُوجَدُ [トゥージャドゥ] を使いましょう。

هُنَاكَ مُشْكِلَة فِي هٰذَا ٱلْكِتَاب.

ブータキル　　ザーハ　　ーィフ　　ラキュシム　　カーナフ←

この本には問題がある。

هَلْ هُنَاكَ كِتَاب لُغَة عَرَبِيَّة فِي هٰذِهِ ٱلْمَكْتَبَة؟

バタクマル　ヒィズーハ　ーィフ　ヤイビラア　ガル　ブータキ　カーナフ　ルハ←

この書店にはアラビア語の本がありますか。

يُوجَدُ سُوبَرْمَارْكِت فِي ٱلْمَحَطَّة.

タッハマル　　ーィフ　　ウトケルマルバース　　ウドゥャジーユ←

駅にはスーパーマーケットがある。

駅はどこにありますか。 اَيْنَ تُوجَدُ ٱلْمَحَطَّة؟
タッハマル　ゥドゥジーウト　ナイア←

تُوجَدُ حَقِيبَة عَلَى ٱلطَّاوِلَة.
リィウータッ　ラア　バーキハ　ゥドゥジーウト←

テーブルの上にはカバンがあります。

※　書店 مَكْتَبَة ／スーパーマーケット سُوبَرْمَارْكِت ／ 駅 مَحَطَّة ／

〜の上に عَلَى

2　存在文の否定「…に〜がない」　🎧 DL53

- 「ドコドコに〜がない・いない」というとき、動詞 يُوجَد を使う場合は前に لَا [ラー] を置きます。هُنَاك を使う場合についてはUnit 9で学びます。

لَا يُوجَدُ خَمْر فِي ذٰلِكَ ٱلْبَلَد.
ゥドラバル　カリーザ　ーィフ　ルムハ　ゥドゥジーユ　ーラ←

あの国にはお酒がありません。

لَا تُوجَدُ مَدْرَسَة فِي هٰذِهِ ٱلْمَدِينَة.
ナーィデマル　ヒィズーハ　ーィフ　サラゥドマ　ゥドゥジーウト　ーラ←

この町には学校がありません。

 言ってみよう

次の日本語をアラビア語に訳して言ってみましょう。

1）そのビルにはスーパーマーケットがあります。

2）私の町には大きなお寺があります。

3）このカバンの中には何がありますか。

4）テーブルの上に本はない。

5）今、問題はありますか。

☞解答は118ページ

「何」を表す疑問詞は2つありますが、動詞の文ではおもに ماذا ［マーザー］を使います。くわしくは81ページを参照してください。

聞いてみよう

هَلْ عِنْدَكَ مُحَاضَرَة ٱلْآن؟
ンーアル　　ラダーハム　　カダンイ　　ルハ←

لَا، ٱلْيَوْم عِنْدِي وَقْت، ٱلْحَمْدُ لِله.
ーラッリ　ウドムハルア　ウトクワ　ーィデンイ　ムウヤルア　ーラ←

مُمْتَاز!
ズータムム←

هَلْ يُوجَدُ مَطْعَم عَرَبِيّ قَرِيب مِنْ هُنَا؟
ーナフ　ンミ　ブーリカ　イビラア　ムアゥトマ　ウドャジーユ　ルハ←

رُبَّمَا يُوجَدُ بِجَانِب ٱلْمَحَطَة.
タッハマル　　ビニーャジビ　ウドャジーユ　ーマバッル←

بِجَانِب ٱلْمَحَطَة لَا يُوجَدُ مَطْعَم عَرَبِيّ،
イビラア　　ムアゥトマ　ウドャジーユ　ーラ　タッハマル　ビニーャジビ←

وَلٰكِنْ يُوجَدُ مَطْعَم تُرْكِيّ.
イキルゥト　ムアゥトマ　ウドャジーユ　ンキーラワ←

ٱلطَّعَامُ ٱلتُّرْكِيّ أَيْضًا طَيِّب جِدًّا. مَا رَأْيُكِ؟
キュッラ　ーマ　ンダッジ　ブイタ　ンダイア　イキルゥトッ　ムーアタッァ←

هَيَّا بِنَا.
ーナビ　ーヤイハ←

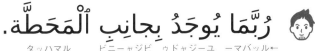

Unit
7
あるもの・ないものについて言う

79

※　すばらしい مُمْتَاز ／レストラン、料理店 مَطْعَم ／アラブの عَرَبِيّ ／

近い قَرِيب ／たぶん رُبَّمَا ／～のそばに、～の周辺に بِجَانِبِ ／

トルコの تُرْكِيّ ／料理 طَعَام ／よい、おいしい طَيِّب ／

とても جِدًّا ／（女性に対して）どう思う？ مَا رَأْيُكِ؟

日本語訳：

ヒロミ：今から授業がある？

オマル：いや、今日は（運よく）時間があるよ。

ヒロミ：すばらしい！　近くにアラブレストランはある？

オマル：駅の周辺にあるかもしれない。

ヒロミ：駅の周辺にはアラブレストランはないけど、トルコ料理店はある。

オマル：トルコ料理もとてもおいしいよ。どう思う？

ヒロミ：さあ、行こう。

よく使う疑問詞

それは何ですか。	مَا هَذَا؟ ←マー ハーザー
〔男性に対して〕 お名前は何ですか。	مَا ٱسْمُكَ؟ ←マ ムスカ

مَا
なに
〔動詞の文以外で使う〕

〔女性に対して〕 何を勉強していますか。	مَاذَا تَدْرُسِينَ؟ ←マーザー タドルスィーナ
〔男性に対して〕 コーヒーか紅茶、何がありますか。	مَاذَا عِنْدَكَ، قَهْوَة أَمْ شَاي؟ ←マーザーイ ンダカ カフワ ワカ アムシーャー

مَاذَا
なに
〔おもに動詞の文で使う〕

〔女性に対して〕 どこにいますか。	أَيْنَ أَنْتِ؟ ←アイナ アンティ
〔男性に対して〕 どこで働いていますか。	أَيْنَ تَعْمَلُ؟ ←アイナ タアマル

أَيْنَ
どこ

〔男性に対して〕 あなたは誰ですか。	مَنْ أَنْتَ؟ ←マン アンタ
誰がここに住んでいますか。	مَنْ يَسْكُنُ هُنَا؟ ←マン ヤスクン フナー

مَنْ
だれ

〔男性に対して〕 いつ働いて、いつ勉強するの？	مَتَى تَعْمَلُ وَمَتَى تَدْرُسُ؟ ←マター タアマル ワマター タドルス

مَتَى
いつ

〔男性に対して〕 調子はどう？	كَيْفَ ٱلْحَال؟ ←カイファ ルハール
〔男性に対して〕 どうやって勉強しますか。	كَيْفَ تَدْرُسُ؟ ←カイファ タドルス

كَيْفَ
どう、どうやって

Unit 8

希望を伝える

🎧 DL 57

キーフレーズ

「ここ」「私は住んでいる」「私は〜したい」

私はここに住みたいです。

أُرِيدُ أَنْ أَسْكُنَ هُنَا.

ーナフ　　ナクスア　　ンア　ゥドーリウ←

① 「〜がほしい」

🎧 DL 58

- 「〜がほしい」と言うときは、現在形の動詞 أُرِيدُ [ウリードゥ] を使います。主語に合わせて活用させ、後ろにほしいものを表す名詞を続けましょう。

- ほしいものを表す名詞は、動詞の目的語なので対格です。ほしいものが特定のモノであれば限定、不特定のモノであれば非限定になります。

私は〜がほしい	أُرِيدُ ゥドーリウ←
あなた（男）は〜がほしい	تُرِيدُ ゥドーリゥト←
あなた（女）は〜がほしい	تُرِيدِينَ ナーィデーリゥト←
彼は〜がほしい	يُرِيدُ ゥドーリユ←
彼女は〜がほしい	تُرِيدُ ゥドーリゥト←

私は水がほしい。　　　أُرِيدُ مَاء.
_{ッーマ　ゥドーリウ←}

هَلْ تُرِيدِينَ هٰذَا ٱلْكِتَاب؟
_{ブータキル　ザーハ　ナーィデーリット　ルハ←}

（女性に対して）この本がほしいですか。

هَلْ تُرِيدُ هٰذَا ٱلدَّفْتَر؟
_{ルタフダッ　ザーハ　ゥドーリット　ルハ←}

（男性に対して）このノートが要りますか。

タロウは新しい電話がほしい。　يُرِيدُ تَارُو هَاتِفًا جَدِيدًا.
_{ンダーィディジ　ァフィテーハ　ウロタ　ゥドーリュ←}

※　水 مَاء ／ノート دَفْتَر

*目的語が非限定名詞の場合は対格で発音するのが自然ですが、会話では
　語尾の母音を省略しても問題なく通じます。

②　「〜したい」　　　🎧 DL 59

- 「〜したい」と言うときにも、動詞أُرِيدُを使います。後ろに［接続詞أَنْ
　_{［アン］}＋現在形の動詞］を続け、したいことを表現しましょう。
- أُرِيدُ أَنْの後ろに来る動詞は「接続法」の形をとります。接続法とは、希望・
　目的などを表現する場合に動詞がとる形です。動詞の語尾の母音「ウ」が
　接続法では「ア」に変わり、「あなた（女）」の場合は語尾のﻥを取り除
　きます。
- ここではأَدْرُس（私は勉強する）を例に示しますが、会話では接続法の
　語尾はそれほど気にする必要はありません。

私は勉強したい	أُرِيدُ أَنْ أَدْرُسَ

_{サルゥドア　ンア　ゥドーリウ←}

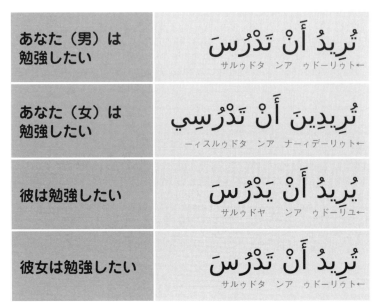

あなた（男）は勉強したい	تُرِيدُ أَنْ تَدْرُسَ
あなた（女）は勉強したい	تُرِيدِينَ أَنْ تَدْرُسِي
彼は勉強したい	يُرِيدُ أَنْ يَدْرُسَ
彼女は勉強したい	تُرِيدُ أَنْ تَدْرُسَ

私はここに住みたいです。

أُرِيدُ أَنْ أَسْكُنَ هُنَا.

هَلْ تُرِيدُ أَنْ تَأْكُلَ طَعَامًا عَرَبِيًّا؟

あなた（男）はアラブ料理を食べてみたいですか。

هَلْ تُرِيدِينَ أَنْ تَذْهَبِي إِلَى الْعَمَلِ؟

あなた（女）は仕事へ行きたいですか。

تارو يُرِيدُ أَنْ يَدْرُسَ فِي الْجَامِعَةِ.

タロウは大学で勉強したがっています。

※ 私は住む〔接続法〕 أَسْكُنَ ／あなた（男）は食べる〔接続法〕 تَأْكُلَ ／
あなた（女）は行く〔接続法〕 تَذْهَبِي

84

③ 「〜がほしくない」「〜したくない」 🎧 DL 60

● 「〜がほしい」「〜したい」の表現を否定するときは、ほかの動詞の否定と同じように、動詞أُرِيدُの前にﻻ [ラー] を置きましょう。

私はこの本がほしくありません。

لَا أُرِيدُ هٰذَا ٱلْكِتَاب.
ブータキル　ザーハ　ゥドーリウ　ーラ←

私はラジオを聴きたくありません。

لَا أُرِيدُ أَنْ أَسْمَعَ ٱلرَّادِيُو.
ーゥィデーラッ　アマスア　ンア　ゥドーリウ　ーラ←

وَالِدَتِي لَا تُرِيدُ أَنْ تَأْكُلَ فِي ٱلْمَسَاء.
ッーサマル　ィフ　ラクッタ　ンア　ゥドーリトゥ　ーラ　ィテダリーワ←

私の母は夜に食べたがりません。

※　私は聴く〔接続法〕أَسْمَعَ ／ラジオ رَادِيُو ／
　　彼女は食べる〔接続法〕تَأْكُلَ ／夕方、夜 مَسَاء

言ってみよう 🎧 DL 61

次の日本語をアラビア語に訳して言ってみましょう。

1）私はアラビア語を勉強したい。

2）あなた（男）はコーヒーが飲みたいですか。

3）いいえ、コーヒーは飲みたくありません。紅茶が飲みたいです。

☞解答は118ページ

Unit 8　希望を伝える

85

←ウラ　サマハテ
لَوْ سَمَحْتِ،

←ハル　ユージャドゥ　ドゥールメ　ワシューゥルバート　アダス
هَلْ يُوجَدُ دُولْمَة وَشُورْبَة عَدَس؟

←ナアム　サイイディー　マーザー　アニ　ルマシュルーバート
نَعَمْ سَيِّدِي. مَاذَا عَنِ الْمَشْرُوبَات؟

←ウリードゥ　カフワ　トゥルキーヤイ
أُرِيدُ قَهْوَة تُرْكِيَّة.

←リルアサフ　ラー　トゥージャドゥ　カフワ　トゥルキーヤイ
لِلْأَسَف لَا تُوجَدُ قَهْوَة تُرْكِيَّة.

←ユージャドゥ　シャーイ　ワアスィールー　ルンマーン
يُوجَدُ شَاي وَعَصِير رُمَّان.

←アナー　ウリードゥ　アスィール　ルンマーン
أَنَا أُرِيدُ عَصِير رُمَّان.

←ワアナー　シャーイ　ラウ　サマハテ
وَأَنَا شَاي لَوْ سَمَحْتِ.

※ （女性に対して）〜をください、お願いします　لَوْ سَمَحْتِ ／

　レンズ豆　عَدَس／スープ شُورْبَة ／ドルマ（トルコ風の野菜の肉詰め） دُولْمَة ／

　レンズ豆　عَدَس／お客様〔男性に対する丁寧な呼びかけ〕 سَيِّدِي ／

　〜はどうですか 〜 مَاذَا عَنْ ／飲み物 مَشْرُوبَات ／

　残念ながら لِلْأَسَف ／ジュース عَصِير ／ザクロ رُمَّان

*前置詞 عَنْ [アン] は後ろに定冠詞が続くと [アニ] と発音されます。

日本語訳：

オマル：すみません、野菜の肉詰めとレンズ豆のスープありますか。

店　員：はい、お客様。お飲み物は？

オマル：トルココーヒーが飲みたいです。

店　員：残念ながらトルココーヒーはありません。
　　　　紅茶とザクロジュースはあります。

オマル：私はザクロジュースが飲みたいです。

ヒロミ：私は紅茶をください。

Unit 9

否定する

キーフレーズ 🎧 DL 63

私は学生ではありません。

「学生」　「〜でない」　「私」

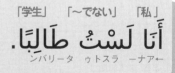

أَنَا لَسْتُ طَالِبًا.
←アナー　スラト　ターリバン

1　否定を表す لَيْسَ

🎧 DL 64

- لَيْسَ [ライサ] は名詞・形容詞・所有表現・（動詞が使われていない）存在文などを否定するときに使う動詞です。

所有表現・存在文の否定「〜をもっていない」「〜がない」

- 前置詞 عِنْدَ の前、場所・存在を表す هُنَاك の前に لَيْسَ を置きます。主語が変わっても、لَيْسَ の形は変わりません。

私は時間がありません。

لَيْسَ عِنْدِي وَقْت.
←サイラ　イデン　ィー　ワクトゥ

私の弟は自転車を持っていません。

لَيْسَ عِنْدَ أَخِي دَرَّاجَة.
←サイラ　インダ　アヒー　ダラージャ

問題はありません。

لَيْسَ هُنَاكَ مُشْكِلَة.
←サイラ　フナーカ　ムシュキラ

※　自転車 دَرَّاجَة

名詞・形容詞の否定「AはBでない」

● 所有表現の否定とは異なり、لَيْسَを主語に合わせて活用させます。

私は〜でない	لَسْتُ ←ラストゥ
あなた（男）は〜でない	لَسْتَ ←ラスタ
あなた（女）は〜でない	لَسْتِ ←ラステイ
彼は〜でない	لَيْسَ ←ライサ
彼女は〜でない	لَيْسَتْ ←ライサトゥ

Unit
9

否定する

・ 語順は①لَيْسَを文頭に置く、②لَيْسَを否定したい名詞・形容詞の直前に置く、の2パターン。①は文章語に多く、②は会話で多く使われる。

・ 主語が人称代名詞の場合は省略してもよい。

・ 否定したい名詞・形容詞は対格になり、非限定であれば基本的にタンウィーンを付けて発音する。ただし会話では語尾の［〜アン］を省略しても問題ない。

天気がよい。 اَلْجَوُّ جَمِيلٌ.

①☞ لَيْسَ الْجَوُّ جَمِيلًا. / ② اَلْجَوُّ لَيْسَ جَمِيلًا.
←ライサ ジャウウル ジャミーラン　　←アルジャウウ ライサ ジャミーラン

天気がよくない。

アラビア語は難しい。 اَللُّغَةُ الْعَرَبِيَّةُ صَعْبَةٌ.

لَيْسَتِ اللُّغَةُ الْعَرَبِيَّةُ صَعْبَةً. ①
←ライサティ　ウッガルツ　アッラビヤイトゥ　アサバタン

اَللُّغَةُ الْعَرَبِيَّةُ لَيْسَتْ صَعْبَةً. ②
←アッルガルツ　アッラビヤイトゥ　サイラトゥ　アサバタン

アラビア語は難しくない。

* لَيْسَتْ [ライサトゥ] の後ろに定冠詞が続くと、لَيْسَتِ [ライサティ] と発音が変化します。

私は学生です。 أَنَا طَالِبٌ.

(أَنَا) لَسْتُ طَالِبًا.
←アナー　ラストゥ　ターリバン

※　天気 جَوّ ／難しい صَعْب

 言ってみよう

🎧 DL 65

次の日本語をアラビア語に訳して言ってみましょう。

1）私（男）は今日忙しくありません。

2）彼女は学生ではなく、会社員です。

3）これは家ではありません。これはお寺です。

☞ 解答は118ページ

- アラビア語の1〜10の数字と綴りを見てみましょう。2桁以上の場合、「١٠」のように左から右に書きます（左が1、右が0）。
- 数詞にも性の区別があります。3〜10はターマル・ブータ（ة）があるのが男性形、ないのが女性形です。これまで見てきた名詞の性とは違うので、注意してください。
- 3〜10を単独で発音する場合、男性形の語尾のةは発音されませんが、後ろに名詞が続く場合はター（ت）で発音します。

アラビア語の数字	女性形	男性形	
٠	صِفْر ←フィス		0
١	وَاحِدَة ←ワーヒダ	وَاحِد ←ワーヒドゥ	1
٢	（主）اِثْنَان ←イスナターン	（主）اِثْنَان ←イスナーン	2
	（属・対）اِثْنَيْن ←イスナタイン	（属・対）اِثْنَيْن ←イスナイン	
٣	ثَلَات ←サラース	ثَلَاثَة ←サラーサ	3

アラビア語の数字	女性形	男性形	
٤	أَرْبَع ウバルア←	أَرْبَعَة アバルア←	4
٥	خَمْس スムハ←	خَمْسَة サムハ←	5
٦	سِتّ ウトッィス←	سِتَّة タッィス←	6
٧	سَبْع ウブサ←	سَبْعَة アブサ←	7
٨	ثَمَانٍ ンニーマサ←	ثَمَانِيَة ヤニーマサ←	8
٩	تِسْع ウスィテ←	تِسْعَة アスィテ←	9
١٠	عَشْر ルシア←	عَشَرَة ラシア←	10

言ってみよう

次の計算の答えとなる数字を、アラビア語で言ってみましょう。

1)　　　　　　　　=　٢ + ٧

2)　　　　　　　　=　٤ − ٦

3)　　　　　　　　=　٩ + ١

4)　　　　　　　　=　٥ − ٨

☞解答は118ページ

Unit
9

否定する

数式は右から読んでください。数詞を単独で発音する場合は、男性形を使いましょう。

 聞いてみよう DL 68

مَرْحَبًا عُمَر، كَيْفَ حَالُكَ؟
←マハルマンバ　オマル　カイファ　ハールーカ

اَلْحَمْدُ لِلّٰه، وَلٰكِنْ عِنْدِي ضَغْط فِي الْعَمَل.
←アルハムドゥ　リッラー　ワラーキン　イ ンディー　ダグ ト　フィ　アルアマル

مَاذَا سَتَفْعَلُ فِي الْعُطْلَة الْقَادِمَة؟
←マーザー　サタフアル　フィ　ウルウトラ　アルカーディーミ

سَأُسَافِرُ مَعَ صَدِيقِي، إِنْ شَاءَ اللّٰه.
←サウサーフィールッ　マア　サディーィーキー　イン　シャーアッ　ラー

وَأَنْتِ، هَلْ عِنْدَكِ خُطَّة؟
←ワアンテ ィ　ハル　イ ンダキ　フッタ

لَا، لَيْسَ عِنْدِي خُطَّة،
←ラー　ライサ　イ ンディー　フッタ

وَلٰكِنْ رُبَّمَا أَذْهَبُ إِلَى النَّادِي الرِّيَاضِيّ.
←ワラーキン　ルッバマー　アズハブ　イラー　アンナーディ　イッリヤーデ ィ

أُوه، أَنْتِ نَشِيطَة. مَا شَاءَ اللّٰه.
←オー　アンテ ィ　ナシーター　マー　シャーアッ　ラー

94

※ （男性に対して）お元気ですか ؟ كَيْفَ حَالُكَ ／プレッシャー ضَغْط ／

／ قَادِم あなた（男）はする予定だ سَتَفْعَلُ ／休暇 عُطْلَة ／次の قَادِم

私は旅行する予定だ سَأُسَافِرُ ／～と一緒に مَعَ ／

神が望むなら إِنْ شَاءَ ٱللّٰه ／計画 خُطَّة ／私は行く أَذْهَبُ ／

スポーツジム اَلنَّادِي ٱلرِّيَاضِيّ ／わあ أُوه ／元気のよい نَشِيط ／

すばらしい〔人をほめるときに使う〕 مَا شَاءَ ٱللّٰه

日本語訳：

アマル：オマル、こんにちは。元気にしてる？

オマル：元気だけど、仕事が忙しいんだ。

アマル：次の休暇はどうするつもり？

オマル：友だちと旅行する予定だ。そっちは？　予定はある？

アマル：ううん。予定はないけど、ジムに行くかもしれない。

オマル：わあ元気だね。すごい。

Unit 10

数を使って表現する

キーフレーズ　　　　　　　　　　　　　　　🎧 DL 69

「明日」「授業」「3」「私は〜をもっている」

明日は授業が3コマあります。عِنْدِي ثَلَاث مُحَاضَرَات غَدًا.
ンダガ　　ウトーラダーハム　　スーラサ　　ーィデンイ←

名詞の複数形　　　　　　　　　　　　　　　🎧 DL 70

- アラビア語の名詞には、「単数」「双数」「複数」の3つの数があります。単数形は1人・1つ、双数形は2人・2つ、複数形は3人以上・3つ以上を表します。

- 複数形は、単数形から規則的に作れるもの（規則複数）と不規則的な形のもの（不規則複数）に分けられます。双数形はそんなに使用頻度が高くありません。この本では、規則複数形にしぼって説明していきます。

男性規則複数形

- 男性規則複数は、格によって形が変わります。主格の場合は、名詞の語尾にـُونَ [ウーナ]、属格・対格の場合はـِينَ [イーナ] を付けて作ります。

- 複数形がこの形になるのは、人間の男性（または男女が混在していること）を表す名詞の一部。代表的なのは国籍を表す名詞（→p.54　ニスバ形容詞）です。

- 以下の表では、それぞれ上が主格、下が属格・対格の形です。

96

複数形	単数形	意　味
مُوَظَّفُونَ ←ナーフザッワム مُوَظَّفِينَ ←ナーィフザッワム	مُوَظَّفٌ ←ンフザッワム مُوَظَّفٍ، مُوَظَّفًا ←ンァフザッワム　←ンィフザッワム	職　員
عِرَاقِيُّونَ ←ナーユイキーライ عِرَاقِيِّينَ ←ナーイイキーライ	عِرَاقِيٌّ ←ンユイキーライ عِرَاقِيٍّ، عِرَاقِيًّا ←ンヤイイキーライ　←ンイイキーライ	イラク人

女性規則複数形

- 名詞の語尾のةを取り、代わりにاتを付けて作ります。男性規則複数と異なり、女性規則複数は格によって綴りが変わりません（発音は異なります）。
- 複数形がこの形になるのは、おもに人間の女性を表す名詞、無生物を表す女性名詞のうちةで終わるものの多くです。外来語の複数形にもこの形が使われます。
- 以下の表では、それぞれ上が主格、下が属格・対格の形です。

複数形	単数形	意味
يَابَانِيَّاتٌ ンゥトーヤイニーバーヤ← يَابَانِيَّاتٍ ンィテーヤイニーバーヤ←	يَابَانِيَّةٌ ンゥトヤイニーバーヤ← يَابَانِيَّةٍ، يَابَانِيَّةً ンタヤイニーバーヤ←　ンィテヤイニーバーヤ←	日本人 女性
مُحَاضَرَاتٌ ンゥトーラダーハム← مُحَاضَرَاتٍ ンィテーラダーハム←	مُحَاضَرَةٌ ンゥトラダーハム← مُحَاضَرَةٍ، مُحَاضَرَةً ンタラダーハム←　ンィテラダーハム←	（大学の） 授業
دُولَارَاتٌ ンゥトーラーラーゥド← دُولَارَاتٍ ンィテーラーラーゥド←	دُولَارٌ ンルーラーゥド← دُولَارٍ، دُولَارًا ンラーラーゥド←　ンリーラーゥド←	ドル 〔通貨 単位〕

- 「いくつの～」と言うときには、数詞の後ろに名詞の属格を続けます。数詞がどの格になるかは文中での役割によって決まります。数詞と名詞の性をそろえるのも忘れないようにしましょう。

明日は授業が3コマあります。　عِنْدِي ثَلَاثُ مُحَاضَرَاتٍ غَدًا.
ンダガ　　ンィテーラダーハム　　スーラサ　ィデンイ←

会社には9人の従業員しかいません。　فِي ٱلشَّرِكَةِ تِسْعَةُ مُوَظَّفِينَ فَقَطْ.
ゥトカァフ　　ナーィフザッワム　　ゥトアスィテ　ィテカリャシッ　ィフ←

それぞれの名詞を複数形にしましょう。上が主格、下が属格・対格です。

複数形	単数形	意　味
①	يَابَانِيٌّ يَابَانِيٍّ، يَابَانِيًّا	日本人
②	مُهَنْدِسٌ مُهَنْدِسٍ، مُهَنْدِسًا	エンジニア
③	أُسْتَاذَةٌ أُسْتَاذَةٍ، أُسْتَاذَةً	女性の先生
④	جَامِعَةٌ جَامِعَةٍ، جَامِعَةً	大　学

☞解答は119ページ

Unit
10

数を使って表現する

مَرْحَبًا سَيِّدَتِي.

ーィテダイイサ　ンバハルマ←

مَرْحَبًا. مَا هٰذَا؟

ーザーハ　ーマ　ンバハルマ←

هٰذِهِ كُوفِيَّة فِلَسْطِينِيَّة.

ヤイニーィテスラィフ　ヤイィフーク　ヒィズーハ←

بِكَمِ ٱلْكُوفِيَّة؟

ヤイィフークル　ミカビ←

بِثَلَاثَة دُولَارَات فَقَطْ.

ウトカァフ　ウトーラーラーゥド　ウトサーラサビ←

مَعْقُول. أُرِيدُ ثَلَاث كُوفِيَّات.

ウトーヤイィフーク　スーラサ　ゥドーリィゥ　ルークアマ←

تَحْتَ أَمْرِكِ. ٱلْحِسَاب تِسْعَة دُولَارَات.

ウトーラーラーゥド　ウトアスィテ　ブーサヒルア　キリムア　タハタ←

※ お客様〔女性に対する丁寧な呼びかけ〕 سَيِّدَتِي ／

クーフィーヤ（スカーフ） كُوفِيَّة ／パレスチナの فِلَسْطِينِيّ ／

いくら بِكَمْ ／～で ～بِ ／リーズナブルである مَعْقُول ／

クーフィーヤ（スカーフ）〔複数〕 كُوفِيَّات ／

（女性に対して）かしこまりました تَحْتَ أَمْرِكِ ／勘定、会計 حِسَاب

*بِكَمْ [ビカム] は後ろに定冠詞が続くと [ビカミ] と発音されます。

日本語訳：

店　員：いらっしゃいませ、お客様。

ヒロミ：こんにちは。これは何ですか。

店　員：これはパレスチナのクーフィーヤ（スカーフ）です。

ヒロミ：クーフィーヤはいくらですか。

店　員：たった3ドルです。

ヒロミ：リーズナブルですね。クーフィーヤを3枚ほしいです。

店　員：かしこまりました。お会計は9ドルになります。

Unit 11

キーフレーズ

🎧 DL 73

「シリア」 「〜に」 「私は住んでいた」

私はシリアに住んでいました。 كُنْتُ أَسْكُنُ فِي سُورِيَا.
　　　　　　　　　　　　　　　　　　　　　　　ーヤリース　　ーィフ　　ヌクスア　　ゥトンク←

1 過去を表す كَانَ

🎧 DL 74

- كَانَ [カーナ] は現在の出来事を過去に変えるための大事な動詞です。名詞文でも動詞の文でも使えますが、كَانَ が述語となる名詞・形容詞・動詞より前に置かれることに注意しましょう。

私は〜	كُنْتُ ゥトンク←
あなた（男）は〜	كُنْتَ タンク←
あなた（女）は〜	كُنْتِ ィテンク←
彼は〜	كَانَ ナーカ←
彼女は〜	كَانَتْ ゥトナーカ←

①名詞文では كَانَ は「〜だった」という意味を表す。述語は対格になり、非限定であれば基本的にタンウィーンを付けて発音する。ただし会話では語尾の［〜アン］を省略しても問題ない。

②現在形の動詞と一緒に使うと、كَانَ は「〜していた」という意味を表す。

③所有を表す عِنْدَ の前に كَانَ を置くと、「持っていた」という意味を表す。عِنْدَ の文では、كَانَ は人称による変化をしない。

その学生は勤勉です。

اَلطَّالِبُ مُجْتَهِدٌ.

ンゥドヒタュジム　　　　ブリータッア←

كَانَ ٱلطَّالِبُ مُجْتَهِدًا./

ンダヒタュジム　　　ブリータッ　　　ナーカ←

その学生は勤勉でした。

اَلطَّالِبُ كَانَ مُجْتَهِدًا.

ンダヒタュジム　　ナーカ　　ブリータッア←

彼女は教師です。

هِيَ مُدَرِّسَةٌ.

ンゥトサリッダム　　ヤヒ←

彼女は教師でした。

(هِيَ) كَانَتْ مُدَرِّسَةً.

ンタサリッダム　　ウトナーカ　　ヤヒ←

私は授業があります。

عِنْدِي مُحَاضَرَةٌ.

ンゥトラダーハム　　ーィデンイ←

私は授業がありました。

كَانَ عِنْدِي مُحَاضَرَةٌ.

ンゥトラダーハム　　ーィデンイ　　ナーカ←

103

私はシリアに住んでいます。 أَسْكُنُ فِي سُورِيَا.
ヌクスア ーィフ ーヤリース

كُنْتُ أَسْكُنُ فِي سُورِيَا.
ーヤリース ーィフ ヌクスア ゥトンク

私はシリアに住んでいました。

※ 勤勉である مُجْتَهِد ／教師（女性） مُدَرِّسَة

言ってみよう

🎧 DL 75

次の日本語をアラビア語に訳して言ってみましょう。

1）私はあの大学で勉強していました。

2）あなた（女）は何をしていたのですか。

3）私はコーヒーを飲んでいました。

4）父はエジプトに住んでいました。

☞解答は119ページ

- 「今日勉強した」「木の下に座った」のような時間や場所を表すことば は、原則として対格をとります。
- 「〜の前に」「〜の下に」などのように、名詞を付け加える必要がある 場合、その名詞は時間・場所を表すことばの後ろに置かれ、属格になりま す。会話では語尾の母音を省いても問題ありません。

1）時間を表すことば

昨日	أَمْسِ ィスムア←	今日	اَلْيَوْمَ マウヤルア←
明日	غَدًا ンダガ←	朝、午前中	صَبَاحًا ンハーバサ←
昼	ظُهْرًا ンラホゾ←	夕方、夜	مَسَاءً ンアーサマ←
〜の前に	قَبْلَ .... ラブカ←	〜の後に	بَعْدَ .... ダアバ←

أَعْمَلُ صَبَاحًا وَأَدْرُسُ مَسَاءً.
ルマアア←　ンハーバサ　スルゥドアワ　ンアーサマ

私は朝仕事して、夜勉強しています。

أَذْهَبُ إِلَى ٱلسُّوبَرْمَارْكِت بَعْدَ ٱلْعَمَل.

←アザハブ　ライ　ッスッバルマルケルト　バアダ　アルマアル

私は仕事の後にスーパーマーケットに行きます。

أَتَنَاوَلُ ٱلْإِفْطَار قَبْلَ ٱلْقَهْوَة.

←アアタナーワル　ファイルタール　カブラ　アルカホワ

私はコーヒーの前に朝食をとります。

※　私は摂る أَتَنَاوَلُ ／ 朝食 إِفْطَار

２）場所を表すことば

～の上に	.... فَوْق ←カウァフ	～の下に	.... تَحْت ←タハタ
～の右側に	.... يَمِين ←ナーミヤ	～の左側に	.... يَسَار ←ラーサヤ
～の前に	.... أَمَام ←マーマア	～の後ろに	خَلْفَ ... / وَرَاءَ ... ←アフルハ　　←アーラワ
～のそばに	.... بِجَانِب ←ビニィャジビ	～の手前に	.... قَبْل ←ラブカ

私の家は畑の裏側にあります。 بَيْتِي خَلْفَ ٱلْحَقْلِ.
←バイティ ハフルハ ルクハル

本は机の上にあります。 ٱلْكِتَاب فَوْقَ ٱلْمَكْتَبِ.
←アルキターブ ファウカ マクタブ

大学は駅の前にあります。 ٱلْجَامِعَة أَمَامَ ٱلْمَحَطَّة.
←アルジャーミャア アマーマ ルマハッタ

مَكْتَب 机 / حَقْل 畑 ※

言ってみよう

次の日本語をアラビア語に訳して言ってみましょう。

1) 私は午前中ここで勉強します。

2) あなた（男）は昨日何をしていたのですか。

3) カバンは机の上にあります。

4) スーパーマーケットは駅のそばにあります。

☞ 解答は119ページ

أَلُو عُمَر، أَيْنَ أَنْتَ؟

أَنَا ٱلْآن أَمَامَ مَحَطَّة شيبويا.

وَبِجَانِبِ ٱلْمَحَطَّة مَرْكَز تَسَوُّق.

آه، فَهِمْتُ. اِنْتَظِرْ هُنَاكَ.

حَاضِر. وَلٰكِنْ أَيْنَ أَنْتِ ٱلْآن؟

أَنَا أَمَامَ نُقْطَة ٱلشُّرْطَة أَوْ "كوبان".

أَيْنَ كَانَ "ٱلْكوبان"؟

ٱلْكوبان يَمِينَ ٱلْمَحَطَّة. اِنْتَظِرْ قَلِيلًا.

※ もしもし　أَلُو ／ショッピングセンター　مَرْكَز تَسَوُّق ／

私はわかった　فَهِمْت ／（男性に対して）待て　اِنْتَظِرْ ／

了解　حَاضِر ／交番　نُقْطَة ٱلشُّرْطَة ／または　أَوْ

日本語訳：

アマル：もしもし、オマル。どこにいるの？

オマル：今、渋谷駅の前。駅のそばにショッピングセンターがあるよ。

アマル：ああ、わかった。そこで待ってて。

オマル：了解。ところで、今どこ？

アマル：私は警察、「交番」の前にいる。

オマル：交番はどこだったっけ？

アマル：交番は駅の右側にあるよ。ちょっと待ってて。

Unit 12

過去のことについて言う②

キーフレーズ

「アラブの」「レストラン」「〜へ」「私は行った」

私はアラブレストランへ行きました。 ذَهَبْتُ إِلَى مَطْعَم عَرَبِيّ.

イビラア　ムアゥトマ　ーライ　ゥトブハザ←

1 動詞の過去形

🎧 DL 80

- アラビア語の動詞には2つの時制があり、これまで「現在形」として学習してきたのは、「未完了形」と呼ばれる時制です。現在・未来を表す未完了形に対し、過去や経験を表すときに使われるのが「完了形」です。この本では「過去形」と呼ぶことにしましょう。

- じつは、アラビア語の動詞の原形（辞書の見出し語になる形）は、過去形の3人称・男性・単数の活用形です。つまり「彼は〜した」の形が原形なのです。動詞の原形は3文字から成り、1文字目と3文字目の母音は「ア」 です。2文字目の母音は「ア」 、「イ」 、「ウ」 いずれもあります。

「行く」の原形　　➡ 「彼は行った」　ذَهَبَ (ذ+ه+ب)
バハザ←

「勉強する」の原形　➡ 「彼は勉強した」　دَرَسَ (د+ر+س)
サラダ←

「働く」の原形　　➡ 「彼は働いた」　عَمِلَ (ع+م+ل)
ラミア←

● 原形の語尾を変化させることにより、活用形ができます。過去形の活用を見てみましょう。

	行った	勉強した	働いた
私は～	ذَهَبْتُ ←ウトブハザ	دَرَسْتُ ←ウトスラダ	عَمِلْتُ ←ウトルミア
あなた（男）は～	ذَهَبْتَ ←タブハザ	دَرَسْتَ ←タスラダ	عَمِلْتَ ←タルミア
あなた（女）は～	ذَهَبْتِ ←ィテブハザ	دَرَسْتِ ←ィテスラダ	عَمِلْتِ ←ィテルミア
彼は～ 原形	ذَهَبَ ←バハザ	دَرَسَ ←サラダ	عَمِلَ ←ラミア
彼女は～	ذَهَبْتْ ←ウトバハザ	دَرَسَتْ ←ウトサラダ	عَمِلْتْ ←ウトラミア

ذَهَبْتُ مَعَ صَدِيقِي إِلَى مَطْعَم عَرَبِيّ.
イビラア　ムアウトマ　ーライ　ーキィデサ　アマ　ウトブハザ←

私は友人とアラブレストランへ行きました。

あなた（女）はしっかり勉強しましたか。　هَلْ دَرَسْتِ جَيِّدًا؟
ンダイイャジ　ィテスラダ　ルハ

あなた（男）はどこで働いたのですか。　أَيْنَ عَمِلْتَ؟
タルミア　ナイア←

※　しっかり　جَيِّدًا

111

② 動詞の過去形の否定

🎧 DL 81

● 動詞の過去形を否定するには、動詞の前に مَا [マー] を入れるだけでOKです。

私はしっかり勉強しませんでした。 مَا دَرَسْتُ جَيِّدًا.
ンダイィャジ ゥトスラダ ーマ←

مَا ذَهَبَتْ ساكورا إِلَى ٱلْحَفْل أَمْس.
スムア ルフハル ライ ラクサ ゥトバハザ ーマ←

サクラは昨日パーティーに行きませんでした。

※ パーティー حَفْل

 言ってみよう

🎧 DL 82

次の日本語をアラビア語に訳して言ってみましょう。

1) 私は昨日アラビア語を勉強しました。

2) あなた（女）は休日に何をしましたか。（「する」原形 فَعَل ）

3) あなた（男）は朝、何を食べましたか。（「食べる」原形 أَكَل ）

☞ **解答は119ページ**

مَسَاءُ الْخَيْرِ يَا عُمَر. أَيْنَ كُنْتَ؟

タンク　ナイア　ルマオ　ーヤ　ルイハル　ウーサマ←

هَلِ اتَّصَلْتِ بِي؟

ービ　ィテルサタッ　リハ←

نَعَمْ، اِتَّصَلْتُ كَثِيرًا.

ンラーィスカ　ゥトルサタッイ　ムアナ←

لِلْأَسَفِ كُنْتُ فِي رِحْلَةِ عَمَل فِي كِيوتو.

トゥキ　ーィフ　ルマア　ゥトラハリ　ーィフ　ゥトンク　フサアルリ←

جَمِيل، وَكَيْفَ كَانَتْ كِيوتو؟

トゥキ　ゥトナーカ　ァフイカワ　ルーミャジ←

كَانَتْ رَائِعَة طَبْعًا.

ンアブタ　アイーラ　ゥトナーカ←

هَلْ ذَهَبْتِ إِلَى كِيوتو مِنْ قَبْلِ؟

ルブカ　ンミ　トゥキ　ーライ　ィテブハザ　ルハ←

لَا لِلْأَسَفِ مَا ذَهَبْتُ،

ゥトブハザ　ーマ　フサアルリ　ーラ←

وَأُرِيدُ أَنْ أَذْهَبَ يَوْمًا مَا.

ーマ　ンマウヤ　バハザア　ンア　ゥドーリウワ←

113

※ こんばんは مَسَاءُ ٱلْخَيْر ／あなた（女）は私に連絡した اِتَّصَلْتِ بِي ／

私は連絡した اِتَّصَلْتُ ／たくさん كَثِيرًا ／出張 رِحْلَة عَمَل ／

どう كَيْف ／すばらしい رَائِع ／もちろん طَبْعًا ／

〜したことがある **過去形の動詞＋**مِنْ قَبْل ／

私は行く〔接続法〕 أَذْهَب ／いつか يَوْمًا مَا

*هَلْ ［ハル］の後ろに اِتَّصَلْتِ ［イタッサルティ］が続くと、هَلِ の発音が هَلِ ［ハリ］と

なり、اِتَّصَلْت の語頭の「イ」が発音されなくなります。

日本語訳：

アマル：オマル、こんばんは。どこにいたの？

オマル：ぼくに連絡をくれた？

アマル：うん、何回も連絡した。

オマル：残念だった。京都に出張に行ってたんだ。

アマル：いいね。京都はどうだった？

オマル：もちろんすばらしかったよ。行ったことはある？

アマル：残念ながら行ってないけど、いつか行ってみたい。

前置詞	疑問詞との組み合わせ	例文
مَعَ アマ← ~と一緒に	مَعَ مَنْ ンマ　アマ← 誰と	مَعَ مَنْ تَسْكُنُ؟ ヌクスタ　ンマ　アマ← あなた（男）は誰と一緒に住んでいますか。
مِنْ ンミ← ~から	مِنْ أَيْنَ ナイア　ンミ← どちらから	مِنْ أَيْنَ الْأُسْتَاذ؟ ズータスウル　ナイア　ンミ← 先生はどちらのご出身ですか。
فِي ーィフ← ~に・で	فِي أَيّ イア　ーィフ← どの~で・に	فِي أَيّ جَامِعَة تَدْرُسِينَ؟ ナーィスルゥダ　アミーャジ　イア　ーィフ← あなた（女）はどこの大学で勉強していますか。
إِلَى ーライ← ~へ・まで	إِلَى أَيْنَ ナイア　ーライ← どちらへ إِلَى مَتَى ータマ　ーライ← いつまで	إِلَى أَيْنَ تَذْهَبُ؟ ブハザタ　ナイア　ーライ← あなた（男）はどちらへ行きますか。 إِلَى مَتَى تَعْمَلِينَ؟ ナーリマアタ　ータマ　ーライ← あなた（女）はいつまで働いていますか。
عَنْ ンア← ~について	مَاذَا عَنْ... ンア　ーザーマ← ~はどうですか （直訳：~について何ですか）	مَاذَا عَنِ الْجَامِعَة؟ アミーャジル　ニア　ーザーマ 大学はどうですか。 مَاذَا عَنْكَ؟ カンア　ーザーマ← あなた（男）はどうですか。

*前置詞の後ろに人称代名詞を置く場合は、属格形で前置詞に続けて綴ります。

あなた（男）について　عَنْكَ ← كَ + عَنْ

Unit 1 p.38

1) اِسْمِي ساتوكو. أَنَا مِنْ سايتاما.

（私の名前はサトコです。埼玉出身です。）

2) اِسْمِي شيرو. أَنَا مِنْ توتشيغي.

（私の名前はシロウです。栃木出身です。）

3) اِسْمِي ميكا سوزوكي. أَنَا مِنْ نارا.

（私の名前は鈴木ミカです。奈良出身です。）

4) 省略

Unit 2 p.44

1) （質問：あれは教会ですか。）

لَا، تِلْكَ جَامِعَة. （いいえ、あれは大学です。）

2) （質問：あなた（女）は学生ですか。）

لَا، أَنَا أُسْتَاذَة. （いいえ、私は先生です。）

3) （質問：これは家ですか。）

لَا، هٰذَا مَعْبَد. （いいえ、これはお寺です。）

4) （質問：あなた（男）は会社員ですか。）

نَعَمْ، أَنَا مُوَظَّف. （はい、私は会社員です。）

Unit 3 p.50

1) اَلْبِنَايَة قَدِيمَة.	2) اَلْمَعْبَد صَغِير.

3) اَلْبَيْتُ اَلْكَبِير جَدِيد.	4) تِلْكَ اَلْبِنَايَة اَلْحَدِيثَة كَبِيرَة.

1) أَنَا يَابَانِيٌّ.   2) هَلْ أَنْتِ مِصْرِيَّة؟   3) هِيَ طَالِبَة سُورِيَّة.

2) هُوَ وَالِدِي.   1) بَلَدِي ٱلْيَابَان.

4) جَامِعَتُكِ جَمِيلَة.   3) غُرْفَتُكَ كَبِيرَة.

2) بَيْتُ ٱلْأُسْتَاذِ جَدِيدٌ.   1) هٰذِهِ صَدِيقَةُ بِنْتِي.

3) مُشْكِلَةُ ٱلْعَائِلَةِ كَبِيرَةٌ.

④ تَعْمَلُ   ③ يَعْمَلُ   ② تَعْمَلِينَ   ① أَعْمَلُ

⑧ تَسْكُنُ   ⑦ يَسْكُنُ   ⑥ تَسْكُنِينَ   ⑤ تَسْكُنُ

⑫ يَشْرَبُ   ⑪ تَشْرَبِينَ   ⑩ تَشْرَبُ   ⑨ أَشْرَبُ

1) أَعْمَلُ فِي أوساكا.   2) أَدْرُسُ ٱللُّغَة ٱلْعَرَبِيَّة.

3) أَيْنَ تَسْكُنِينَ؟   4) أَسْكُنُ فِي طوكيو.

5) هَلْ تَعْمَلُ ٱلْيَوْم؟   6) ٱلْيَوْم لَا أَعْمَلُ.

p.78

1) يُوجَدُ سُوبَرْمَارْكِت فِي ٱلْبِنَايَة.

2) يُوجَدُ مَعْبَد كَبِير فِي مَدِينَتِي.

3) مَاذَا يُوجَدُ فِي هٰذِهِ ٱلْحَقِيبَة؟

4) لَا يُوجَدُ كِتَاب عَلَى ٱلطَّاوِلَة.

5) هَلْ هُنَاكَ مُشْكِلَة ٱلْآن؟

p.85

1) أُرِيدُ أَنْ أَدْرُسَ ٱللُّغَة ٱلْعَرَبِيَّة.

2) هَلْ تُرِيدُ أَنْ تَشْرَبَ قَهْوَة؟

3) لَا، لَا أُرِيدُ أَنْ أَشْرَبَ قَهْوَة، أُرِيدُ أَنْ أَشْرَبَ شَاي.

p.90

1) (أَنَا) لَسْتُ مَشْغُولًا ٱلْيَوْم.

2) (هِيَ) لَيْسَتْ طَالِبَةً، هِيَ مُوَظَّفَة.

3) هٰذَا لَيْسَ بَيْتًا، هٰذَا مَعْبَد.

p.93

1) (7+2 =9) (تِسْعَة) ٩
2) (6−4= 2) (اِثْنَان) ٢
3) (1+9 =10) (عَشَرَة) ١٠
4) (8−5= 3) (ثَلَاثَة) ٣

① 主格：يَابَانِيُّونَ　　　属格・対格：يَابَانِيِّينَ

② 主格：مُهَنْدِسُونَ　　　属格・対格：مُهَنْدِسِينَ

③ 主格：أُسْتَاذَاتٌ　　　属格・対格：أُسْتَاذَاتٍ

④ 主格：جَامِعَاتٌ　　　属格・対格：جَامِعَاتٍ

(2 مَاذَا كُنْتِ تَفْعَلِينَ؟　　　1) كُنْتُ أَدْرُسُ فِي تِلْكَ ٱلْجَامِعَة.

(4 وَالِدِي كَانَ يَسْكُنُ فِي مِصْر.　　　3) كُنْتُ أَشْرَبُ قَهْوَة.

1) أَدْرُسُ هُنَا صَبَاحًا.

(2 مَاذَا كُنْتَ تَفْعَلُ أَمْس؟

3) ٱلْحَقِيبَة فَوْقَ ٱلْمَكْتَب.

(4 ٱلسُّوبَرْمَارْكِت بِجَانِبِ ٱلْمَحَطَّة.

1) دَرَسْتُ ٱللُّغَة ٱلْعَرَبِيَّة أَمْس.

(2 مَاذَا فَعَلْتِ فِي ٱلْعُطْلَة؟

(3 مَاذَا أَكَلْتَ صَبَاحًا؟

■動詞の現在形（未完了形）

活用パターン

- 原形の1文字目を①、2文字目を❷、3文字目を③とする。
- 2文字目の母音は「ア」「イ」「ウ」いずれもあり、動詞ごとに決まっている。

1人称	私は〜	③-❷-°①-أَ
2人称	あなた（男）は〜	③-❷-°①-تَ
	あなた（女）は〜	ـِين-③-❷-°①-تَ
3人称	彼は〜	③-❷-°①-يَ
	彼女は〜	③-❷-°①-تَ

1人称	私たちは〜	③-❷-°①-نَ
2人称	あなたたちは〜	ـونَ-③-❷-°①-تَ
3人称	彼らは〜	ـونَ-③-❷-°①-يَ

原形： فَعَلَ 「彼はした」

　　　（1文字目＝ ف　　2文字目＝ ع　　3文字目＝ ل ）

1人称	私はする	أَفْعَلُ
2人称	あなた（男）はする	تَفْعَلُ
	あなた（女）はする	تَفْعَلِينَ
3人称	彼はする	يَفْعَلُ
	彼女はする	تَفْعَلُ

1人称	私たちはする	نَفْعَلُ
2人称	あなたたちはする	تَفْعَلُونَ
3人称	彼らはする	يَفْعَلُونَ

■動詞　過去形（完了形）

活用パターン

- 原形の1文字目を①、2文字目を❷、3文字目を③とする。
- 2文字目の母音は「ア」「イ」「ウ」いずれもあり、動詞ごとに決まっている。「ウ」は比較的少ない。

1人称	私は〜	ُ -°③-❷-ˊ①
2人称	あなた（男）は〜	َ -°③-❷-ˊ①
	あなた（女）は〜	ِ -°③-❷-ˊ①
3人称	彼は〜	ˊ③-❷-ˊ①
	彼女は〜	ْ -ˊ③-❷-ˊ①

1人称	私たちは〜	نَ -°③-❷-ˊ①
2人称	あなたたちは〜	تُمْ -°③-❷-ˊ①
3人称	彼らは〜	وا -°③-❷-ˊ①

* 「彼らは〜」の語尾のアリフは飾りの文字で、発音されません。

122

例

原形：ذَهَبَ 「彼は行った」

（1文字目＝ذ　　2文字目＝ه　　3文字目＝ب）

1人称	私は行った	ذَهَبْتُ
2人称	あなた（男）は行った	ذَهَبْتَ
	あなた（女）は行った	ذَهَبْتِ
3人称	彼は行った　【原形】	ذَهَبَ
	彼女は行った	ذَهَبَتْ

1人称	私たちは行った	ذَهَبْنا
2人称	あなたたちは行った	ذَهَبْتُمْ
3人称	彼らは行った	ذَهَبُوا

■数詞（11〜19）

- 12のみ属格・対格の形がある。
- 12を除き、10の位も1の位も「ア」の母音で終わる。
- 数詞11〜19の後ろに続く名詞は単数・対格の形になる。

女性形	男性形	
إِحْدَى عَشْرَةَ	أَحَدَ عَشَرَ	11 ١١
(主) اِثْنَتَا عَشْرَةَ (属・対) اِثْنَتَيْ عَشْرَةَ	(主) اِثْنَا عَشَرَ (属・対) اِثْنَيْ عَشَرَ	12 ١٢
ثَلَاثَ عَشْرَةَ	ثَلَاثَةَ عَشَرَ	13 ١٣
أَرْبَعَ عَشْرَةَ	أَرْبَعَةَ عَشَرَ	14 ١٤
خَمْسَ عَشْرَةَ	خَمْسَةَ عَشَرَ	15 ١٥
سِتَّ عَشْرَةَ	سِتَّةَ عَشَرَ	16 ١٦
سَبْعَ عَشْرَةَ	سَبْعَةَ عَشَرَ	17 ١٧
ثَمَانِيَ عَشْرَةَ	ثَمَانِيَةَ عَشَرَ	18 ١٨
تِسْعَ عَشْرَةَ	تِسْعَةَ عَشَرَ	19 ١٩

単語リスト

∣ （アリフ）

اِتَّصَلْتُ	私は連絡した	12
اِتَّصَلْتِ بِي	あなた（女）は 私に連絡した	12
اِتَّفَقْنَا	私たちは合意した	6
أَتَنَاوَلُ	私は摂る〔現在形〕	11
اِثْنَان / اِثْنَتَان	2〔男性形／女性形・主格〕	9
اِثْنَيْن / اِثْنَتَيْن	2〔男性形／女性形・属格・対格〕	9
أَحْيَانًا	時々	5
أَخ	男 兄弟	5
أُخْت	女 姉妹	5
أَخِي	私の兄弟	3
أَدْرُسَ	私は勉強する〔接続法・現在形〕	8
إِذًا	それでは	5
أَذْهَبُ	私は行く〔現在形〕	9
أَذْهَبَ	私は行く〔接続法・現在形〕	12
أَرْبَعَة / أَرْبَع	4〔男性形／女性形〕	9

أُرِيدُ	私は〜がほしい	8
أُسْتَاذ	男 先生（男性）	2
أُسْتَاذَة	女 先生（女性）〔複 أُسْتَاذَات〕	2
آسِفَة	すみません〔女性形〕	2
أَسْكُنُ	私は住む〔現在形〕	6
أَسْكُنَ	私は住む〔接続法・現在形〕	8
اِسْم	男 名前	4
أَسْمَعَ	私は聴く〔接続法・現在形〕	8
اِسْمِي	私の名前	1
أُشَاهِدُ	私は見る〔現在形〕	6
أَشْرَبُ	私は飲む〔現在形〕	6
أَشْرَبَ	私は飲む〔接続法・現在形〕	8
أَعْتَقِدُ	私は思う〔現在形〕	6
أَعْمَلُ	私は働く〔現在形〕	6
إِفْطَار	男 朝食	11
أَفْعَلُ	私はする〔現在形〕	6
أَكَلَ	彼は食べた〔過去形〕	12

126

128

129

131

133

هـ （ハー）

ـهُ	彼の	4
ـهَا	彼女の	4
هَاتِف 男	電話	3
هَذَا 男	これ、この	2
هَذِهِ 女	これ、この	2
هَلْ	～か〔疑問を表す〕	2

هُنَا	ここ	1
هُنَاكَ	あそこに、そこに	7
هُوَ	彼、〔男性名詞を指して〕それ	1
هِيَ	彼女、〔女性名詞を指して〕それ	1
هَيَّا بِنَا	さあ行きましょう	3

و （ワーウ）

وَ	そして、～と	1
وَاحِد / وَاحِدَة	1〔男性形／女性形〕	9
وَالِد 男	父親	2
وَالِدَة 女	母親	2

وَجْبَة 女	食事	0
وَرَاءَ....	～の後ろに	11
وَقْت 男	時間	5
وَلَد 男	男の子	2

ي （ヤー）

ـِي	私の	4
يَا	やあ〔呼びかけ〕	3
يَابَانِيّ 男	日本〔複 يَابَانِيُّون〕	1
يَابَانِيَّة 女	日本人〔複 يَابَانِيَّات〕	4
يَاه	へえ	5
يَدْرُسَ	彼は勉強する〔接続法・現在形〕	8
يُرِيدُ	彼は～がほしい	8

يَسَار....	～の左側に	11
يَسْكُنُ	彼は住む〔現在形〕	6
يَشْرَبُ	彼は飲む〔現在形〕	6
يَعْمَلُ	彼は働く〔現在形〕	6
يَفْعَلُ	彼はする〔現在形〕	6
يَمِين....	～の右側に	11
يُوجَدُ	（男性名詞が）ある、いる	7
يَوْمًا مَا	いつか	12

著者紹介

大隼エヴァ・ハッサン
（Eva Hassan OHBAYA）
エジプト・カイロ出身。カイロ大学文学部日本語日本文学科卒業。
東京大学大学院総合文化研究科にて 2006 年に修士号、2015 年に
博士号を取得。2008 年以降、NHK「テレビでアラビア語」、NHK
ラジオ「アラビア語講座」に出演。2012 年度「テレビでアラビア語」
では講師を務めた。現在は慶應義塾大学法学部専任講師として、
アラビア語、アラブ現代社会事情を教える。専攻は言語学・アラ
ビア語教育・アラブ社会学。

今日からはじめる
みんなのアラビア語

2023 年 5 月 10 日　第 1 刷発行
2024 年 4 月 15 日　第 3 刷発行

著　者　©　大隼エヴァ・ハッサン
発行者　　岩　堀　雅　己
印刷所　　開 成 印 刷 株 式 会 社

発行所　101-0052 東京都千代田区神田小川町 3 の 24
電話 03-3291-7811（営業部）, 7821（編集部）　株式会社白水社
www.hakusuisha.co.jp
乱丁・落丁本は、送料小社負担にてお取り替えいたします。

振替 00190-5-33228　　　　Printed in Japan　　　　誠製本株式会社

ISBN978-4-560-08970-5

本田孝一、石黒忠昭［編］
ヌールッディーン・ナクシュベンディー［協力］

パスポート
初級アラビア語辞典

初学者に便利な工夫満載

日本で初めてのアラビア語学習辞典。
カタカナによる発音表記や見出し語に
対応する用例を付し、語の配列も初学
者が引きやすいアルファベット順。他
の辞典では見られない特長満載の一
冊。巻末に日ア付。（B6判／461頁）

入門書の決定版がさらにパワーアップ！

ニューエクスプレス＋ プラス シリーズ

竹田敏之［著］
ニューエクスプレスプラス
アラビア語 （A5判／165頁）【CD付】

独特な文字も、書き方からゆっくり解説す
る入門書。奥深いアラブ文化、イスラーム
文化への第一歩を踏みだしませんか。